**Cahier du jour
Cahier du soir**

7-8 ans

Français

Auteur : **Michel Wormser**, *Professeur des écoles*

Directeur de collection : **Bernard Séménadisse**, *Maître formateur*

Ce cahier appartient à :

Avant-propos

- Ce cahier est conforme aux nouveaux programmes.

- Le **cycle 2** (cycle des apprentissages fondamentaux) couvre désormais la période du CP au CE2, offrant ainsi la durée et la cohérence nécessaires pour des apprentissages progressifs et exigeants. Au cycle 2, la maîtrise des langages, et notamment de la langue française, est la priorité.

NOUVEAUX PROGRAMMES 2016

Cycle 1 — Maternelle : PS | MS | GS

Cycle 2 — Cycle des apprentissages fondamentaux : CP | CE1 | CE2

Cycle 3 — Consolidation : CM1 | CM2 | 6ᵉ

Cycle 4 — Approfondissements : 5ᵉ | 4ᵉ | 3ᵉ

Plus d'informations sur les nouveaux programmes sur **www.joursoir.fr**

Ce cahier de Français destiné aux élèves du CE1 reprend toutes les notions du programme et couvre tous les domaines : grammaire, conjugaison, orthographe (grammaticale et d'usage) et vocabulaire.

- **La rubrique « Je découvre et je retiens » propose :**
  - des phrases-exemples qui servent de matériau à la réflexion (« Je découvre ») ;
  - une ou plusieurs règles qui permettent de mémoriser ce qu'il faut savoir (« Je retiens »).

- **La rubrique « Je m'entraîne » permet de réinvestir les acquisitions.**

À chacune des notions développées dans la leçon correspond un exercice d'application : à la notion 1 correspond l'exercice 1, à la notion 2 l'exercice 2. Si un exercice porte le numéro 3, cela signifie qu'il porte sur toutes les notions (exercice de synthèse).

- **À la fin de chaque page, l'enfant est invité à s'auto-évaluer.**

- **Les corrigés détachables sont situés au centre du cahier.**

Sommaire

GRAMMAIRE

1. Majuscule, point et virgule
2. Écrire des phrases (1)
3. Écrire des phrases (2)
4. Identifier le verbe
5. Identifier le sujet du verbe
6. Identifier le nom et le déterminant
7. Identifier les adjectifs
8. Identifier le groupe nominal
9. Les pronoms
10. Le masculin et le féminin
11. Le singulier et le pluriel

VOCUBULAIRE

12. L'ordre alphabétique
13. Le dictionnaire
14. Le sens propre et le sens figuré
15. Les mots de la même famille – Les préfixes
16. Les mots de la même famille – Les suffixes

CONJUGAISON

17. Le présent des verbes terminés par -er (1)
18. Le présent des verbes terminés par -er (2)
19. Le présent du verbe être
20. Le présent du verbe avoir
21. Le présent du verbe aller
22. Le présent des verbes dire et faire
23. Le présent des verbes venir et prendre
24. L'imparfait des verbes terminés par -er
25. L'imparfait du verbe être
26. L'imparfait du verbe avoir
27. L'imparfait des verbes aller, dire et faire
28. L'imparfait des verbes venir et prendre
29. Le futur des verbes terminés par -er
30. Le futur du verbe être
31. Le futur du verbe avoir
32. Le futur des verbes aller, dire et faire
33. Le futur des verbes venir et prendre

ORTHOGRAPHE

▶ Les correspondances entre sons et lettres

34. Le son « o » : o – au – eau
35. Le son « ê » : ai – ei – e – è – ê – et
36. Le son « in » : in – im – ain – aim – en – yn – ym – ein
37. Le son « é » : é – er – ez – et
38. Le son « an » : en – an – em – am
39. Les noms terminés par les sons « ail – eil – euil – ouil »

▶ La valeur des lettres

40. s ou ss ?
41. c ou ç ?
42. g, ge ou gu ?

▶ Mots de même prononciation

43. a/à
44. sont/son
45. est/et
46. ont/on
47. ou/où

▶ Accord du nom

48. Le féminin des noms : règle générale
49. Le féminin des noms en -ier et en -er
50. Les féminins particuliers
51. Les lettres finales muettes
52. Le pluriel des noms : règle générale
53. Le pluriel des noms en -eau, -au, -eu
54. Le pluriel des noms en -ou

▶ Accord de l'adjectif

55. Le féminin des adjectifs : règle générale
56. Le féminin des adjectifs particuliers
57. Le pluriel des adjectifs : règle générale
58. Le pluriel des adjectifs particuliers

▶ Autres accords

59. L'accord dans le groupe nominal : déterminant – nom – adjectif
60. L'accord du verbe avec son sujet

Corrigés détachables au centre du cahier

1 Majuscule, point et virgule

Je découvre et je retiens

1 La petite fille mange une poire.

▶ La phrase commence par une **lettre majuscule** et se termine par **un point**.

2 Ce matin, la fillette va cueillir des cerises.

▶ La **virgule** (,) permet de marquer une pause dans la lecture d'une phrase.

Je m'entraîne

1a Mets la majuscule et le point.

1. ___e garçon mange une grappe de raisin   2. ___l jette les pépins du raisin

1b Place les points et écris les majuscules.

___athan et Clara partent à vélo cueillir des mûres ___ ___haque enfant emmène avec lui un petit seau___ ___n peut faire cinq pots de confiture avec un seau plein de mûres___ ___ls ont mis un vieux pantalon et un tee-shirt à manches longues pour ne pas se faire piquer___ ___es buissons sont pleins d'épines___

2a Place la virgule dans chaque phrase.

Chaque hiver Lucas protège ses arbres fruitiers du froid. Il y a des fruits pourris dans le panier il faut les trier. En épluchant son fruit Léo s'est blessé au pouce. Cette nuit une violente tempête a fait tomber toutes les pommes de l'arbre.

2b Cette phrase a été découpée. Écris-la comme il convient.

| la | . | on | des | confiture | Aujourd'hui | abricots | , | ramasse | pour |

→ _____

As-tu réussi tes exercices ?

Très bien ☐   Assez bien ☐   Pas assez bien ☐

2 Écrire des phrases (1)

Je découvre et je retiens

1

Le garçon regarde la télévision.

▶ C'est une **phrase affirmative**.
Elle pourrait commencer par « oui ».

2

Le garçon **ne** regarde **pas** la télévision.

▶ C'est une **phrase négative**. Elle dit le contraire d'une phrase affirmative.
Elle pourrait commencer par « non ».

Je m'entraîne

1a Entoure en rouge les phrases affirmatives.

1. Sarah est malade.
2. Elle ne va pas à l'école.
3. La fillette reste au lit.
4. Le médecin va venir.
5. Elle ne pourra pas sortir pendant trois jours.

1b Écris des phrases affirmatives en t'aidant des dessins.

1.
→ _____

2.
→ _____

3.
→ _____

2 Entoure en vert les phrases négatives.

1. Le garçon range sa chambre.
2. La fille ne retire pas ses chaussures.
3. Il n'arrive pas à fermer la porte.
4. Les enfants sortent de la maison.

3 Réponds aux questions par des phrases affirmatives ou négatives.

1. Est-ce que tu as bien dormi ? Oui, _____
2. Est-ce que tu restes couché ? Non, _____
3. Est-ce que tu as fait ton lit ? Non, _____

As-tu réussi tes exercices ?

Très bien ☐   Assez bien ☐   Pas assez bien ☐

3 Écrire des phrases (2)

Je découvre et je retiens

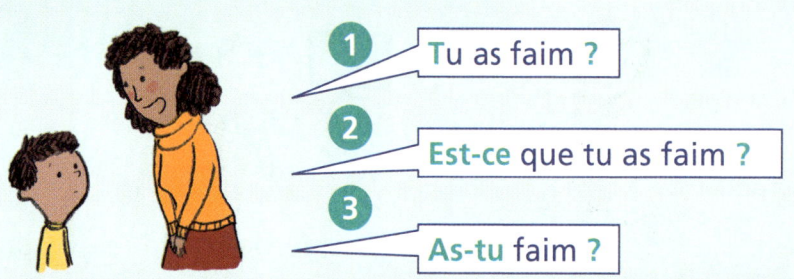
1. Tu as faim ?
2. Est-ce que tu as faim ?
3. As-tu faim ?

▶ Certaines phrases permettent de **poser des questions**.
▶ Elles commencent par une majuscule et se terminent par un **point d'interrogation**.
▶ Elles peuvent :
① se présenter sous la forme d'une **phrase affirmative** ;
② commencer par *Est-ce que*… ;
③ commencer par **l'inversion des deux premiers mots avec un tiret entre les deux**.

Je m'entraîne

① Remets les étiquettes dans l'ordre de manière à poser des questions.

1. ? | la confiture | as aimé | Tu → _____
2. as mangé | Tu | ton dessert | ? → _____
3. terminé | Tu as | ? | ton repas → _____

② Récris les phrases en les commençant par *Est-ce que*.

1. Tu aimes manger à la cantine ? → _____
2. Tu as plié ta serviette ? → _____
3. Tu as débarrassé ton assiette ? → _____

③ Récris les phrases en inversant les deux premiers mots.

1. Vous coupez le pain ? → _____
2. Tu laves ta pomme ? → _____
3. Tu as soif ? → _____

As-tu réussi tes exercices ?

Très bien ☐   Assez bien ☐   Pas assez bien ☐

4 Identifier le verbe

Je découvre et je retiens

1

Maman **arrose** ses fleurs.

Demain, maman **arrosera** ses fleurs.

Hier, maman **a arrosé** ses fleurs.

▶ Pour identifier **le verbe**, on place en début de phrase les mots *hier, aujourd'hui, demain*. Le mot qui change de forme est le **verbe**.

2

arrose
arrosera
a arrosé
} C'est le verbe arroser.

▶ Le verbe **se conjugue**.
▶ On désigne un verbe par **son infinitif** : *arroser*.

Je m'entraîne

1a Complète les phrases avec les étiquettes suivantes.

| range | rangera | a planté | plante |

1. Aujourd'hui, le jardinier _____ ses outils.
2. Aujourd'hui, il _____ un arbre.
3. Demain, le jardinier _____ ses outils.
4. Hier, il _____ un arbre.

1b Encadre le verbe dans chaque phrase.

1. Le chat joue avec une souris en peluche.
2. Le chien tire sur sa chaîne.
3. Un escargot rampe sur la fenêtre.
4. Une araignée tisse sa toile.

2 Écris à l'infinitif les verbes de l'exercice précédent.

1. _____
2. _____
3. _____
4. _____

3 Récris les phrases en remplaçant le verbe par un verbe de ton choix.

*Exemple : Le commerçant **décore** sa boutique. Le commerçant **range** sa boutique.*

1. Le boulanger travaille le dimanche. → _____
2. Le peintre décolle le papier. → _____
3. Le facteur apporte le courrier. → _____

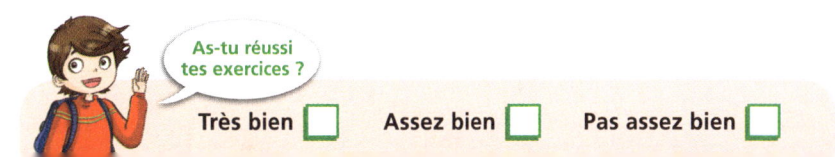

5 Identifier le sujet du verbe

Je découvre et je retiens

1 Le chat **observe** les oiseaux.
On pose la question :
Qui est-ce qui **observe** les oiseaux ?
C'est le chat qui **observe** les oiseaux.
Le chat *est le sujet du verbe* **observer**.

2 Les oiseaux **s'envolent**.
On pose la question :
Qui est-ce qui **s'envole** ?
Ce sont les oiseaux qui s'envolent.
Les oiseaux *est le sujet du verbe* **s'envoler**.

▶ On trouve **le sujet** en posant la question *Qui est-ce qui… ?* devant le verbe.
Entre *c'est* et *qui* ou entre *ce sont* et *qui* se trouve le sujet.

Je m'entraîne

1 Transforme les phrases en posant la question *Qui est-ce qui… ?*

Exemple : Le jardinier trouve un escargot. Qui est-ce qui trouve un escargot ?

1. La limace mange les salades. → _____

2. Lisa ramasse des pommes. → _____

3. Les enfants sèment des radis. → _____

2 Réponds aux questions de l'exercice précédent en utilisant les mots *c'est… qui* ou *ce sont… qui* puis souligne le sujet.

Exemple : C'est le jardinier qui trouve un escargot.

1. C'est _____

2. C'est _____

3. Ce sont _____

3 Encadre les verbes et souligne les sujets.

1. La confiture attire les guêpes.
2. Ces papillons volent de fleur en fleur.
3. Johan observe une colonie de fourmis.
4. Un hérisson traverse l'allée.
5. Le canari siffle un air joyeux.

Très bien ☐   Assez bien ☐   Pas assez bien ☐

6 Identifier le nom et le déterminant

Je découvre et je retiens

Cette **fille** visite la **France**.
Son **frère** veut voir **Paris** et prendre le **métro**.
Les **musées** ne sont pas ouverts tous les **jours**.

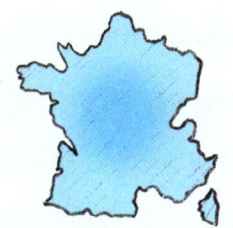

▶ Les mots soulignés servent à désigner des personnes, des animaux, des choses ; ce sont des **noms**. Les noms de personne, de ville ou de pays s'écrivent avec une **majuscule**.

▶ Les petits mots en bleu clair situés devant les noms sont des **déterminants**.
Un, une, des, l', mon, ton, ma, ce... sont d'autres déterminants.

Je m'entraîne

1 **Entoure les noms.**

Ce chat dort sur le divan. Il attrape les oiseaux et les souris. Ma copine s'appelle Élise. Cette fille habite dans mon immeuble. Son frère élève des rats et des hamsters. Mes voisins ont un chien et une tortue. Ces oiseaux n'ont pas peur. Ils viennent manger dans ma main.

2 **Souligne les déterminants et entoure les noms.**

La fillette entre dans un magasin. Elle regarde les jouets et s'arrête devant les vélos. Elle choisit une balle pour jouer avec ses raquettes. J'ai rangé ton camion dans le garage. Les garçons jouent avec mon ballon dans le jardin. Des enfants courent dans l'herbe.

3 **Complète les phrases avec un nom accompagné d'un déterminant.**

1. Le vent emporte _____.
2. J'ai montré _____ à mes copains.
3. _____ est tombé de la table.
4. Léna achète _____.
5. Il ferme _____ et regarde _____.
6. _____ achète _____.

As-tu réussi tes exercices ?

Très bien ☐   Assez bien ☐   Pas assez bien ☐

7 Identifier les adjectifs

Je découvre et je retiens

1

Comment est le camion ?

Le camion **neuf** est **rouge**.

▶ L'**adjectif** donne **des renseignements** sur le nom qu'il accompagne.

2

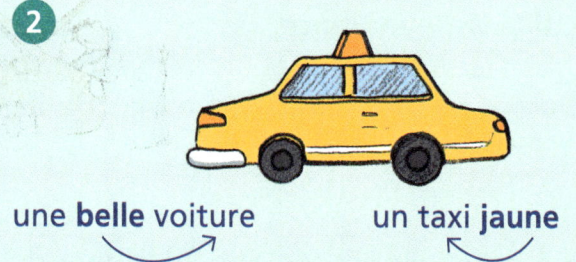

une **belle** voiture — un taxi **jaune**

▶ Il peut être placé **avant** le nom ou **après** le nom.

Je m'entraîne

1 Entoure les deux adjectifs qui correspondent le mieux à chaque dessin.

1. court
   silencieux
   cassé
   usé

2. jaune
   salée
   haute
   sucrée

3. grande
   noire
   neuve
   déchirée

2a Souligne les adjectifs placés avant les noms.

un gros orage – une violente tempête – un épais brouillard – une forte pluie – une petite averse – un beau nuage

2b Écris un adjectif avant chaque nom.

1. une _____ table
2. un _____ lit
3. une _____ porte
4. un _____ canapé

2c Souligne les adjectifs placés après les noms.

un ciel bleu – une journée grise – une neige épaisse – un temps humide – un soleil brûlant – un hiver long

2d Écris un adjectif après chaque nom.

1. une chaussure _____
2. une robe _____
3. un chapeau _____
4. un pull _____

As-tu réussi tes exercices ?

Très bien ☐   Assez bien ☐   Pas assez bien ☐

8 Identifier le groupe nominal

Je découvre et je retiens

1 Le garagiste répare la voiture.
   ↑   ↑   ↑   ↑
déterminant nom   déterminant nom

Le garagiste *est un groupe nominal* ;
la voiture *est un groupe nominal*.

▶ Le groupe nominal est constitué d'un **déterminant** et d'un **nom**.

2 La petite voiture rouge est en panne.
   ↑   ↑   ↑   ↑
déterminant adjectif nom   adjectif

La petite voiture rouge
est un groupe nominal.

▶ Le groupe nominal peut être constitué aussi d'un **déterminant**, d'un **nom** et d'un ou plusieurs **adjectifs**.

Je m'entraîne

1 En n'utilisant chaque mot qu'une seule fois, forme quatre groupes nominaux.

haute – malade – chaise – un – rouge – petite – le – chambre – une – la – camion – chat

_____
_____
_____
_____

2 Entoure les groupes nominaux dans les phrases suivantes.

1. Le petit garçon est malade.
2. Le train arrive dans la nouvelle gare.
3. Il jette ses feutres usés.
4. Mes bottes bleues sont percées.
5. Tes affaires sales sont sur la table basse.
6. Prête-moi ton vélo neuf.
7. Lucie va à la piscine couverte.
8. Un gros chien gris court derrière son maître.

3 Complète les phrases avec des groupes nominaux.

1. _____ est couché dans son panier.
2. Le boulanger prépare _____.
3. _____ est arrivé le premier.
4. _____ regarde _____.

9 Les pronoms

Je découvre et je retiens

1 **Simon** écoute une chanson.
Il écoute une chanson.

Eva écoute une chanson.
Elle écoute une chanson.

▶ Un nom au singulier peut être remplacé par un **pronom au singulier**.

Il – elle sont des pronoms **singuliers**.

2 **Les garçons** écoutent une chanson.
Ils écoutent une chanson.

Les filles écoutent une chanson.
Elles écoutent une chanson.

▶ Un nom au pluriel peut être remplacé par un **pronom au pluriel**.

Ils – elles sont des pronoms **pluriels**.

Je m'entraîne

1 **Recopie les phrases en remplaçant les mots soulignés par un pronom singulier.**

1. Louise regarde ses photos. →
2. Tom range ses livres. →
3. Maman achète une revue. →
4. Le facteur apporte le journal. →

2 **Recopie les phrases en remplaçant les mots soulignés par *ils* ou *elles*.**

1. Les garçons jouent au foot. →
2. Les cars amènent les supporters. →
3. Les tribunes sont vides. →
4. Les spectatrices applaudissent les joueurs. →

3 **Complète avec le pronom qui convient.**

1. La banque est fermée. _____ ouvre dans une heure.
2. Les taxis sont garés en file indienne. _____ attendent le client.
3. Les vendeuses sont occupées. _____ vérifient les prix sur les étiquettes.
4. Un nouveau magasin vient d'ouvrir. _____ ne vend que des objets d'art.

As-tu réussi tes exercices ?

Très bien ☐   Assez bien ☐   Pas assez bien ☐

10 Le masculin et le féminin

Je découvre et je retiens

1

un chat — un éléphant
le chat — l'éléphant

2

une souris — une araignée
la souris — l'araignée

▶ Les noms précédés des déterminants *un*, *le*, *l'* … sont au **masculin**.

▶ Les noms précédés des déterminants *une*, *la*, *l'* … sont au **féminin**.

Je m'entraîne

1a Entoure le ou les déterminants qui conviennent.

1. le / la / une
2. une / un / la
3. le / un / l'
4. le / la / mon

1b Entoure les noms masculins.

une mouche – un chien – la guêpe – le saumon – l'abeille – l'ours – la vache – une cigogne – le poisson – l'oiseau – l'escargot – le cheval – un serpent

2 Barre le ou les déterminants qui ne conviennent pas.

1. la / le / un
2. le / la / une
3. l' / une / la
4. un / une / la

3 Complète le tableau avec les mots suivants.

le mouton – un cochon – la brebis
l'écureuil – l'hirondelle – une chenille
un papillon – la fourmi

Noms masculins	Noms féminins

As-tu réussi tes exercices ? Très bien ☐   Assez bien ☐   Pas assez bien ☐

11 Le singulier et le pluriel

Je découvre et je retiens

1

un chat   une voiture
le chat   la voiture

▶ Quand on parle d'une seule chose, le nom est au **singulier**.

▶ Dans ce cas, on met devant le nom un **déterminant singulier** :
un – une – la – le – l'– mon – ta…

2

des vélos   des voitures
les vélos   les voitures

▶ Quand on parle de plusieurs choses, le nom est au **pluriel**.

▶ Dans ce cas, on met devant le nom un **déterminant pluriel** :
des – les – mes – tes…

Je m'entraîne

1a Barre les déterminants qui ne conviennent pas.

1. des
   le
   un
   les

2. une
   des
   les
   la

3. la
   un
   l'
   les

1b Complète les phrases par un nom au singulier.

1. Il mange _____.   2. Elle achète _____.

2 Entoure les noms au pluriel.

des chemises – un pantalon – l'écharpe – ta chaussette – les chaussures – des gants – un pull – le manteau – la jupe – un chapeau – des bottes – mes robes

3 Complète le tableau avec les mots suivants.

le tapis – le tableau – deux vases
des fleurs – une nappe – l'étagère
trois plantes – des meubles

Noms singuliers	Noms pluriels

As-tu réussi tes exercices ?

Très bien ☐   Assez bien ☐   Pas assez bien ☐

12 L'ordre alphabétique

Je découvre et je retiens

1 ▶ Pour écrire les mots, on utilise 26 lettres : 21 consonnes et 5 voyelles.

A	B	C	D	E	F	G	H	I	J
K	L	M	N	O	P	Q	R	S	T
U	V	W	X	Y	Z				

▶ Les **lettres** de l'alphabet sont toujours rangées dans l'**ordre alphabétique**.

2 Le mot **LUGE** est rangé avant le mot **NAPPE**.

K	**L**	M	**N**	O	P

LUGE   NAPPE

La lettre **L** est située avant la lettre **N**.

▶ Dans le dictionnaire, les **mots** sont rangés dans l'**ordre alphabétique**.

Je m'entraîne

1 Complète les cases avec les lettres situées avant ou après les lettres données.

| A | | | E |

| | | K | L | | |

| | | | R | T |

2 Relie chaque mot à la lettre de l'alphabet par laquelle il commence.

GOMME   LION   CADRE   PLUIE   RAT   OGRE   ZÈBRE   TABLE

| A | B | C | D | E | F | G | H | I | J | K | L | M | N | O | P | Q | R | S | T | U | V | W | X | Y | Z |

3 Range les mots de l'exercice précédent dans l'ordre alphabétique.

Très bien ☐   Assez bien ☐   Pas assez bien ☐

13 Le dictionnaire

Je découvre et je retiens

1 pomme : n.f. *(nom féminin)*
chien : n.m. *(nom masculin)*
vert : adj. *(adjectif)*
manger : v. *(verbe)*

▶ Le dictionnaire indique la **classe** des mots, ainsi que leur **genre** et leur **nombre**.

2 pomme :
• fruit du pommier, de couleur verte, jaune ou rouge ;
• accessoire de douche percé de trous par lesquels s'écoule l'eau.

2 sens du mot pomme

▶ Le dictionnaire renseigne sur le **sens** des mots.

Je m'entraîne

1 À l'aide du dictionnaire, écris la classe ainsi que le genre et le nombre de ces mots : **nom masculin**, **nom féminin**, **adjectif**, **verbe**.

1. chaise : _____
2. lent : _____
3. sable : _____
4. fendre : _____
5. petit : _____
6. gagner : _____

2 Retrouve dans un dictionnaire le sens de ces mots puis écris pour chacun d'eux s'il s'agit d'un **animal**, d'un **meuble**, d'un **métier** ou d'un **arbre**.

1. ginkgo : _____
2. marte : _____
3. boudeuse : _____
4. cordier : _____

3 Écris deux sens différents pour chacun des mots suivants.

1. souris : _____

2. baguette : _____

3. glace : _____

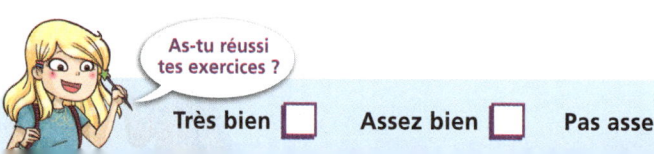

As-tu réussi tes exercices ?

Très bien ☐   Assez bien ☐   Pas assez bien ☐

14 Le sens propre et le sens figuré

Je découvre et je retiens

1

Le soleil **est caché par les nuages**.

Il **dévore** son gâteau.

▶ Un mot ou une expression est au **sens propre** quand ce qui est dit est **réel**. C'est le sens **le plus utilisé**.

2

Ce garçon **a la tête dans les nuages**.
(Ce garçon est ailleurs ; il rêve.)

Le feu **dévore** la maison.
(La maison est en feu.)

▶ Un mot ou une expression est au **sens figuré** quand on parle d'une **manière imagé**. C'est le sens **le moins utilisé**.

Je m'entraîne

1 Entoure les expressions écrites au sens propre.

1. Loïc me souffle le résultat du calcul.
2. Les murs ont des oreilles.
3. Le vent souffle en tempête.
4. Timothée a mal aux oreilles.

2 Entoure les expressions écrites au sens figuré.

1. J'ai trouvé un cheveu dans mon verre.
2. Le garçon tombe de son vélo.
3. Ce garçon a un cheveu sur la langue.
4. En décembre, la nuit tombe très tôt.

3 Écris une phrase en utilisant au sens propre chacun des mots ou expressions soulignés.

Léna a une <u>montagne</u> de travail à faire.

Le pays est <u>coupé en deux</u> par le mauvais temps.

Je suis <u>inondé</u> de publicité dans ma boîte aux lettres.

Elle est en <u>tête</u> de la course.

Très bien ☐   Assez bien ☐   Pas assez bien ☐

15 Les mots de la même famille – Les préfixes

Je découvre et je retiens

1 Ces mots sont des mots de la famille de jardin.
- jardin
- jardinage
- jardiner
- jardinier
- jardinière

▶ Dans une **famille de mots**, tous les mots ont **une même partie commune**.

2 laver → relaver
voir → revoir } **re-** *indique que l'on fait l'action de nouveau.*

faire → défaire
coller → décoller } **dé-** *indique le contraire.*

▶ Pour **trouver des mots d'une même famille**, on peut ajouter un **préfixe** en début de mot.
▶ Le préfixe **change le sens** du mot.

1a Souligne la partie commune des mots de chacune de ces familles de mots.

1. dentier – dentaire – dentiste – dent – dentifrice – dentition – édenté
2. journée – journal – journaliste – jour – journalier – bonjour – aujourd'hui
3. sauterelle – sauteur – saut – saute-mouton – sautiller – sautoir – sursauter

1b Dans chaque liste, barre le mot qui ne fait pas partie de la famille de mots.

chant	montagne	grandir	place
chanteur	montage	grandeur	placard
chanter	montée	grange	remplaçant
chantier	montagnard	agrandir	déplacer

2a Écris des mots nouveaux en ajoutant le préfixe *re-* à ces mots.

charger – former – geler – poser – lacer – loger – boutonner – couper

2b Écris des mots nouveaux qui indiquent le contraire en ajoutant un préfixe aux mots de l'exercice précédent.

As-tu réussi tes exercices ? Très bien ☐ Assez bien ☐ Pas assez bien ☐

16 Les mots de la même famille – Les suffixes

Je découvre et je retiens

1
lait → laitier ; laiterie
chant → chanteur ; chanter
dent → dentiste ; dentier

▶ **Le suffixe** est une partie ajoutée en **fin de mot**.
▶ Il permet de trouver les mots d'une même famille.
▶ Le suffixe **change le sens** du mot.

2
rouge → rougeur
(adjectif) (nom)

laver → laverie
(verbe) (nom)

▶ Le suffixe change parfois **la classe grammaticale du mot** de départ.

1a Complète en ajoutant le suffixe *-ette* ou *-elette* aux mots soulignés.

1. Elle nous appelle en faisant sonner une petite cloche ; c'est une _____
2. Élise porte au cou une petite corde argentée ; c'est une _____
3. Il a reçu une petite goutte d'eau sur la joue ; c'est une _____

1b Coche la bonne réponse.

Le suffixe *-ette* veut dire :   ☐ plus grand   ☐ plus petit

2a Transforme les mots soulignés en ajoutant un suffixe.

Exemple : Cet ouvrier travaille avec minutie ; il est minutieux.

1. Cet enfant a très peur ; il est _____.
2. Cette conductrice est un vrai danger ; elle est _____.
3. Un paysage de montagne est un paysage _____.

2b Ajoute un suffixe à ces mots pour obtenir un nouveau mot de la classe grammaticale demandée.

nom	verbe
dessin	
jardin	
travail	

adjectif	nom
sale	
bavard	
poli	

As-tu réussi tes exercices ?

Très bien ☐   Assez bien ☐   Pas assez bien ☐

17 Le présent des verbes terminés par -er (1)

Je découvre et je retiens

1 jouer – tomber – pleurer

▶ *Jouer*, *tomber* et *pleurer* sont des verbes en *-er* écrits à l'infinitif.

2 Il joue.
Elle tombe.

▶ Avec les pronoms *il* ou *elle*, les verbes en *-er* se terminent par *-e* au présent.

3 Ils tombent.
Elles pleurent.

▶ Avec les pronoms *ils* ou *elles*, les verbes en *-er* se terminent par *-ent* au présent.

Je m'entraîne

1 Écris l'infinitif de ces verbes.

1. Les enfants <u>débarrassent</u> (_____) la table. 2. Naël <u>lave</u> (_____) son vélo.
3. Le chien <u>tire</u> (_____) sur sa laisse. 4. Les ouvriers <u>coupent</u> (_____) un arbre.

2 Complète les phrases avec le verbe qui convient.

1. *(efface – effacent)* Elle _____ le tableau.
2. *(dessine – dessinent)* Il _____ une fusée.
3. *(range – rangent)* Il _____ sa trousse.

3 Écris la terminaison des verbes au présent.

1. Ils écout____ la musique. 2. Elles parl____ à voix basse. 3. Ils racont____ une histoire.
4. Elles regard____ les images. 5. Ils rang____ les livres. 6. Elles colori____ le dessin.

4 Écris au présent les verbes entre parenthèses.

1. *(découper)* Elles _____ des photos de poupées.
2. *(coller)* Ils _____ des images d'avions sur leur cahier.
3. *(décorer)* Elle _____ son cahier avec des étoiles.
4. *(afficher)* Les enfants _____ les dessins sur les murs.
5. *(arracher)* La fillette _____ une page de son livre.
6. *(plier)* Il _____ son dessin en deux.

As-tu réussi tes exercices ?

Très bien ☐   Assez bien ☐   Pas assez bien ☐

18 Le présent des verbes terminés par -er (2)

Je découvre et je retiens

1

Je mange un bonbon.
J'aime les confiseries.
Tu manges un bonbon.

▶ *Je* (ou *j'*) et *tu* sont des pronoms qui désignent **une seule personne**.

▶ Avec *je* (ou *j'*), la terminaison des verbes est *-e*. Avec *tu*, la terminaison des verbes est *-es*.

2

Nous aimons les bonbons.
Vous mangez des bonbons.

▶ *Nous* et *vous* sont des pronoms qui désignent **plusieurs personnes**.

▶ Avec *nous*, la terminaison des verbes est *-ons*. Avec *vous*, la terminaison des verbes est *-ez*.

Je m'entraîne

1a Écris devant chaque verbe le pronom qui convient : *je – j'* ou *tu*.

___ chante – ___ parles – ___ joues – ___ crie – ___ appelle – ___ salues – ___ dînes – ___ pense – ___ grimpes – ___ gratte – ___ achète – ___ allumes

1b Écris au présent les verbes entre parenthèses.

1. *(ramasser)* Tu _____ des coquillages à marée basse.
2. *(promener)* Je _____ mon chien sur la plage.
3. *(effacer)* J' _____ mes traces de pas sur le sable.

2 Écris devant chaque verbe le pronom qui convient : *nous* ou *vous*.

___ glissons – ___ fermez – ___ pesez – ___ oublions – ___ poussez – ___ passons

3 Relie chaque pronom au verbe qui lui correspond.

Je • • joues aux cartes dans ta chambre.
J' • • terminez un puzzle de mille pièces.
Tu • • achète un nouveau jeu de société.
Nous • • rangeons chaque jeu dans sa boîte.
Vous • • gagne souvent au jeu de dominos.

As-tu réussi tes exercices ?

Très bien ☐   Assez bien ☐   Pas assez bien ☐

19 Le présent du verbe *être*

Je découvre et je retiens

1
Je **suis** dans la cour.
Tu **es** dans ta chambre.
Il **est** au cinéma.

2
Nous **sommes** à la piscine.
Vous **êtes** à l'école.
Elles **sont** à la bibliothèque.

▶ Conjugaison du verbe *être* au présent :

Personnes du singulier :
Je **suis**   Tu **es**   Il/Elle **est**

Personnes du pluriel :
Nous **sommes**   Vous **êtes**   Ils/Elles **sont**

Je m'entraîne

1a Écris le pronom singulier qui convient.

Elle est
____ es
____ suis   en retard.
____ est

1b Complète avec le verbe *être* au présent.
1. Tu _____ dans ton lit.
2. Elle _____ à Paris.
3. Je _____ en avance.
4. Il _____ devant la télévision.

2a Écris le pronom pluriel qui convient.

Ils sont
____ sommes
____ sont   à table.
____ êtes

2b Complète avec le verbe *être* au présent.
1. Vous _____ au gymnase.
2. Elles _____ dans une ferme.
3. Nous _____ au spectacle.
4. Ils _____ à la montagne.

3 Complète les phrases avec le verbe *être* conjugué au présent.

1. La machine à laver _____ en panne. 2. Ma sœur et moi, nous _____ du même avis : « C'est une chaussette qui bouche la pompe à eau. » 3. « Vous _____ d'accord pour m'aider ? » demande papa. 4. « Je vais démonter la machine. » « Tu _____ certain de savoir faire ? » dit ma sœur. 5. « Bien sûr, répond papa. Je _____ bricoleur et les dépanneurs ne _____ jamais pressés. »

As-tu réussi tes exercices ?
Très bien ☐   Assez bien ☐   Pas assez bien ☐

20 Le présent du verbe *avoir*

Je découvre et je retiens

1
J'ai mal à la tête.
Tu as chaud.
Il a soif.

2
Nous avons froid.
Vous avez mal aux dents.
Elles ont faim.

▶ Conjugaison du verbe *avoir* au présent :

Personnes du singulier :
J'**ai**   Tu **as**   Il/Elle **a**

Personnes du pluriel :
Nous **avons**   Vous **avez**   Ils/Elles **ont**

Je m'entraîne

1a Écris le pronom singulier qui convient.

Il — a
___ — ai
___ — a   une sœur.
___ — as

1b Complète avec *avoir* au présent.
1. J' _____ un nouveau vélo.
2. Il _____ un gros rhume.
3. Tu _____ un petit chat.
4. Elle _____ des chaussures neuves.

2a Écris le pronom pluriel qui convient.

Elles — ont
___ — avez
___ — avons   peur.
___ — ont

2b Complète avec *avoir* au présent.
1. Ils _____ un nouveau maître.
2. Vous _____ l'air triste.
3. Elles _____ les mains sales.
4. Nous _____ mal au ventre.

3 Complète les phrases avec le verbe *avoir* conjugué au présent.

1. Éva _____ sept ans aujourd'hui. 2. Pour son anniversaire, ses copines _____ un cadeau à lui offrir. 3. « Tu _____ de la chance. », lui dit son frère. 4. « J' _____ un gros gâteau ! », annonce Éva. 5. « Nous _____ apporté des jus de fruits », répondent les filles. « À table », dit maman. 6. « Vous _____ un temps magnifique pour prendre votre goûter dehors. »

As-tu réussi tes exercices ?
Très bien ☐   Assez bien ☐   Pas assez bien ☐

21 Le présent du verbe *aller*

Je découvre et je retiens

1
Je vais chez le dentiste.
Tu vas au théâtre.
Elle va à la piscine.

2
Nous allons au cinéma.
Vous allez à la patinoire.
Ils vont à l'école.

▶ Conjugaison du verbe *aller* au présent :

Personnes du singulier :
Je **vais**   Tu **vas**   Il/Elle **va**

Personnes du pluriel :
Nous **allons**   Vous **allez**   Ils/Elles **vont**

Je m'entraîne

1a Écris le pronom singulier qui convient.

Il   va
___   vais
___   vas   au marché.
___   va

1b Complète avec *aller* au présent.
1. Je _____ à la bibliothèque.
2. Il _____ chez le coiffeur.
3. Tu _____ dans le jardin.
4. Elle _____ dans sa chambre.

2a Écris le pronom pluriel qui convient.

Elles   vont
___   allons
___   vont   à Paris.
___   allez

2b Complète avec *aller* au présent.
1. Nous _____ dans la cour.
2. Vous _____ au gymnase.
3. Elles _____ déjeuner.
4. Ils _____ se laver.

3 Complète les phrases avec le verbe *aller* conjugué au présent.

« Je (1) _____ écrire à Mamie » déclare Gaël. « Et toi, tu (2) _____ le faire quand ? » dit-il à sa sœur. « Ce n'est pas la peine » répond-elle ; « Nous (3) _____ la voir bientôt. » « Elle (4) _____ venir la semaine prochaine avec grand-père » rappelle papa. « Ils (5) _____ prendre l'avion. Vous (6) _____ pouvoir leur raconter des tas de choses. »

As-tu réussi tes exercices ?

Très bien ☐   Assez bien ☐   Pas assez bien ☐

22 Le présent des verbes *dire* et *faire*

Je découvre et je retiens

1

Nous disons « au revoir ».

▶ Conjugaison du verbe *dire* au présent :
Je **dis**   Tu **dis**   Il/Elle **dit**
Nous **disons**   Vous **dites**   Ils/Elles **disent**

2

Elle fait un dessin.

▶ Conjugaison du verbe *faire* au présent :
Je **fais**   Tu **fais**   Il/Elle **fait**
Nous **faisons**   Vous **faites**   Ils/Elles **font**

Je m'entraîne

1a Écris le pronom qui convient.

_____ dis
_____ disons
_____ dit   « merci ».
_____ dites
_____ disent

1b Complète avec *dire* au présent.

1. Vous _____ « bon appétit ».
2. Elle _____ de partir.
3. Je _____ ce que j'ai vu.
4. Ils _____ de s'abriter de la pluie.
5. Nous _____ des mensonges.

2a Écris le pronom qui convient.

_____ fais
_____ fait
_____ faites   la cuisine.
_____ font
_____ faisons

2b Complète avec *faire* au présent.

1. Tu _____ de la marche.
2. Nous _____ du sport.
3. Il _____ la sieste.
4. Elles _____ un jeu de société.
5. Vous _____ la vaisselle.

3 Complète le texte avec le verbe *dire* ou le verbe *faire* au présent.

1. Quel désordre ! *(dire)* _____ maman. 2. Je *(faire)* _____ ton lit pendant que tu *(faire)* _____ tes devoirs. 3. Tes copains *(faire)* _____ trop de bruit. 4. Je ne sais pas comment vous *(faire)* _____ pour vivre dans un tel fouillis ! 5. Tu *(dire)* _____ que le bruit te gêne pour travailler. 6. Tes sœurs *(dire)* _____ que ta musique les dérange. 7. Vous *(dire)* _____ tous la même chose.

As-tu réussi tes exercices ?
Très bien ☐   Assez bien ☐   Pas assez bien ☐

23 Le présent des verbes *venir* et *prendre*

Je découvre et je retiens

1

Elles viennent à l'école à pied.

▶ Conjugaison du verbe *venir* au présent :
Je **viens**   Tu **viens**   Il/Elle **vient**
Nous **venons**   Vous **venez**   Ils/Elles **viennent**

2

Ma cousine prend souvent le train.

▶ Conjugaison du verbe *prendre* au présent :
Je **prends**   Tu **prends**   Il/Elle **prend**
Nous **prenons**   Vous **prenez**   Ils/Elles **prennent**

Je m'entraîne

1a Écris le pronom qui convient.

_____ viens
_____ viennent
_____ venons   à Paris.
_____ vient
_____ venez

1b Complète avec *venir* au présent.

1. Je _____ te voir.
2. Elles _____ d'arriver.
3. Nous _____ dans une heure.
4. Il _____ en voiture.
5. Tu _____ voir le film.

2a Écris le pronom qui convient.

_____ prend
_____ prenez
_____ prends   un livre.
_____ prennent
_____ prenons

2b Complète avec *prendre* au présent.

1. Tu _____ l'air.
2. Nous _____ des vacances.
3. Il _____ son vélo.
4. Elles _____ le même chemin.
5. Vous _____ du pain et du beurre.

3 Complète avec le verbe *venir* ou le verbe *prendre* au présent.

– Tu *(1. venir)* _____ jouer au ballon ? demande Anaïs.
– Oui, je *(2. venir)* _____ avec ma sœur et je *(3. prendre)* _____ mon ballon, dit Max.
– Est-ce que les autres enfants de la classe *(4. venir)* _____ aussi ? demande Leïla.
– Oui et ils *(5. prendre)* _____ aussi leurs ballons, répond Anaïs.

As-tu réussi tes exercices ?
Très bien ☐   Assez bien ☐   Pas assez bien ☐

24 L'imparfait des verbes terminés par -er

Je découvre et je retiens

1
Hier, je chantais.
tu jouais.
elle parlait.

2
Hier, nous dansions.
vous écoutiez.
ils sifflaient.

▶ À l'**imparfait**, les verbes terminés par *-er* se conjuguent en remplaçant la terminaison *er* de leur infinitif par :

Personnes du **singulier**
Je → ais
Tu → ais
Il/Elle → ait

Personnes du **pluriel**
Nous → ions
Vous → iez
Ils/Elles → aient

Je m'entraîne

1a Écris le pronom singulier qui convient.

_____ marchais
_____ marchais
Elle marchait } sur le sable.
_____ marchait

1b Complète avec *pêcher* à l'imparfait.

1. Je _____ des crevettes.
2. Tu _____ un crabe.
3. Il _____ des sardines.
4. Elle _____ la daurade.

2a Écris le pronom pluriel qui convient.

_____ sautions
_____ sautiez
_____ sautaient } sur les rochers.
Elles sautaient

2b Complète avec *porter* à l'imparfait.

1. Nous _____ les valises.
2. Vous _____ des livres.
3. Ils _____ un cartable.
4. Elles _____ un sac à main.

3 Écris à l'imparfait les verbes entre parenthèses.

1. Le mois dernier, nous *(fêter)* _____ mon anniversaire. 2. Mes cousins *(arriver)* _____ par le TGV de 10 heures. 3. Mon frère *(préparer)* _____ un gâteau au chocolat. 4. Vous *(apporter)* _____ des jus de fruits. 5. Tu *(décorer)* _____ la table avant l'arrivée des invités. 6. Je *(souffler)* _____ mes huit bougies devant tout le monde.

As-tu réussi tes exercices ?

Très bien ☐   Assez bien ☐   Pas assez bien ☐

25 L'imparfait du verbe être

Je découvre et je retiens

1
Hier, j'étais en retard.
tu étais en retard.
elle était en retard.

2
Avant-hier, nous étions en avance.
vous étiez en avance.
ils étaient en avance.

▶ Conjugaison du verbe *être* à l'**imparfait** :

Personnes du singulier :
J'**étais**   Tu **étais**   Il/Elle **était**

Personnes du pluriel :
Nous **étions**   Vous **étiez**   Ils/Elles **étaient**

Je m'entraîne

1a Écris le pronom singulier qui convient.

_____ était
_____ étais
Il   était   } malade.
_____ étais

1b Complète avec *être* à l'imparfait.

1. Il _____ content de son travail.
2. Tu _____ heureux de nous revoir.
3. J' _____ le premier de la course.
4. Elle _____ la deuxième du tournoi.

2a Écris le pronom pluriel qui convient.

_____ étions
Ils   étaient
_____ étiez   } malades.
_____ étaient

2b Complète avec *être* à l'imparfait.

1. Nous _____ à l'heure.
2. Elles _____ les dernières.
3. Ils _____ fiers des résultats.
4. Vous _____ en classe avec moi.

3 Complète les phrases en écrivant le verbe *être* à l'imparfait.

1. Camille _____ sage.
2. Vous _____ dans votre chambre toute la journée.
3. Les élèves _____ dans la cour.
4. J' _____ puni.
5. Nous _____ assis pendant plus de trois heures.
6. Tu _____ le dernier à terminer la lecture de ce livre.

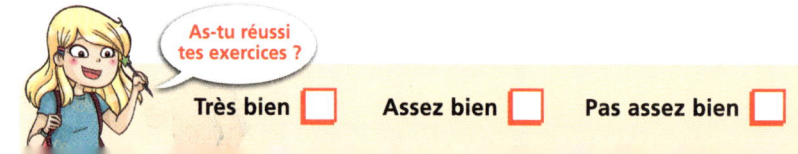

26 L'imparfait du verbe avoir

Je découvre et je retiens

❶ L'an dernier,
- j'avais un vélo.
- tu avais des livres.
- il avait une poupée.

❷ Hier,
- nous avions froid.
- vous aviez peur.
- elles avaient faim.

▶ Conjugaison du verbe *avoir* à l'**imparfait** :

Personnes du singulier :
J'**avais**   Tu **avais**   Il/Elle **avait**

Personnes du pluriel :
Nous **avions**   Vous **aviez**   Ils/Elles **avaient**

Je m'entraîne

1a Écris le pronom singulier qui convient.

_____ avait
_____ avais
Elle avait ⎱ un sac.
_____ avais

1b Complète avec *avoir* à l'imparfait.
1. Tu _____ de la chance.
2. Il _____ mal à la tête.
3. Elle _____ de la visite.
4. J' _____ mal au ventre.

2a Écris le pronom pluriel qui convient.

_____ avions
Elles avaient
_____ aviez ⎱ peur.
_____ avaient

2b Complète avec *avoir* à l'imparfait.
1. Elles _____ des bonbons.
2. Vous _____ du chocolat.
3. Ils _____ des gâteaux.
4. Nous _____ des croissants.

3 Complète les phrases avec le verbe *avoir* à l'imparfait.

1. J'_____ un puzzle de mille pièces. 2. Nous _____ du mal à trier tous les morceaux. 3. Manon _____ l'idée d'assembler en premier les pièces du bord. 4. Tu _____ la place de le faire dans ta chambre. 5. Vous _____ la bonne idée de venir nous aider. 6. Les enfants _____ le temps de terminer le puzzle dans la journée.

As-tu réussi tes exercices ?   Très bien ☐   Assez bien ☐   Pas assez bien ☐

27 L'imparfait des verbes *aller*, *dire* et *faire*

Je découvre et je retiens

1 Nathan et Nina **allaient** souvent au collège à vélo.

▶ L'imparfait du verbe *aller* :
J'all**ais**	Nous all**ions**
Tu all**ais**	Vous all**iez**
Il all**ait**	Elles all**aient**

2 Arthur **disait** toujours « au revoir » en partant.

▶ L'imparfait du verbe *dire* :
Je dis**ais**	Nous dis**ions**
Tu dis**ais**	Vous dis**iez**
Il dis**ait**	Elles dis**aient**

3 Timothée **faisait** le clown devant ses camarades.

▶ L'imparfait du verbe *faire* :
Je fais**ais**	Nous fais**ions**
Tu fais**ais**	Vous fais**iez**
Elle fais**ait**	Ils fais**aient**

Je m'entraîne

1a Écris le pronom qui convient.

_____ allais
_____ allions
_____ allait } voir un spectacle.
_____ alliez
_____ allaient

1b Complète avec le verbe *aller* à l'imparfait.

1. J'_____ voir ma sœur.
2. Nous _____ faire du vélo.
3. Tu _____ à la bibliothèque.
4. Ils _____ jouer au football.
5. Elle _____ se coucher.

2a Écris le pronom qui convient.

_____ disais
_____ disait
_____ disaient } des bêtises.
_____ disiez
_____ disions

2b Complète avec le verbe *dire* à l'imparfait.

1. Ils _____ « à demain ».
2. Je _____ un poème.
3. Elle _____ qu'elle avait mal.
4. Vous _____ que c'était incroyable.
5. Nous _____ n'importe quoi.

3a Écris le pronom qui convient.

_____ faisais
_____ faisiez
_____ faisait } du bruit.
_____ faisions
_____ faisaient

3b Complète avec le verbe *faire* à l'imparfait.

1. Je _____ de la compote.
2. Nous _____ un jeu de cartes.
3. Tu _____ de la peinture.
4. Elle _____ de la danse sur glace.
5. Ils _____ un caprice.

As-tu réussi tes exercices ? Très bien ☐   Assez bien ☐   Pas assez bien ☐

28 L'imparfait des verbes *venir* et *prendre*

Je découvre et je retiens

1 Katia **venait** toujours chez moi le lundi.

▶ Conjugaison du verbe *venir* à l'imparfait :

Je ven**ais**	Nous ven**ions**
Tu ven**ais**	Vous ven**iez**
Il/Elle ven**ait**	Ils/Elles ven**aient**

2 Ma mère **prenait** des photos.

▶ Conjugaison du verbe *prendre* à l'imparfait :

Je pren**ais**	Nous pren**ions**
Tu pren**ais**	Vous pren**iez**
Il/Elle pren**ait**	Ils/Elles pren**aient**

Je m'entraîne

1a Écris le pronom qui convient.

_____ venait
_____ venions
_____ venaient — à l'école.
_____ venais
_____ veniez

1b Complète avec le verbe *venir* à l'imparfait.

1. Tu _____ à la maison.
2. Vous _____ de partir.
3. Ils _____ à bicyclette.
4. Elle _____ marcher avec moi.
5. Nous _____ te voir nager.

2a Écris le pronom qui convient.

_____ prenaient
_____ preniez
_____ prenait — un livre.
_____ prenais
_____ prenions

2b Complète avec le verbe *prendre* à l'imparfait.

1. Je _____ de tes nouvelles.
2. Nous _____ une glace en dessert.
3. Elle _____ son livre.
4. Ils _____ le même chemin.
5. Tu _____ le train tous les jours.

3 Complète avec le verbe *venir* ou le verbe *prendre* à l'imparfait.

1. Quand tu *(venir)* _____ de l'école, tu *(prendre)* _____ le car à chaque fois. 2. Nous *(prendre)* _____ le café ensemble et les voisins *(venir)* _____ nous dire « bonjour ». 3. Je *(prendre)* _____ le temps de te raconter mes vacances. 4. Mon frère *(venir)* _____ avec moi. Il *(prendre)* _____ quelques jours de repos.

As-tu réussi tes exercices ?

Très bien ☐   Assez bien ☐   Pas assez bien ☐

29 Le futur des verbes terminés par -er

Je découvre et je retiens

1
Demain,
- je chanterai.
- tu danseras.
- elle jouera.

2
Demain,
- nous parlerons.
- vous écouterez.
- ils siffleront.

▶ **Au futur**, les verbes terminés par **-er** se conjuguent **en ajoutant** à l'infinitif :

| Personnes du **singulier** | Je → ai
Tu → as
Il/Elle → a | Personnes du **pluriel** | Nous → ons
Vous → ez
Ils/Elles → ont |

Je m'entraîne

1a Écris le pronom singulier qui convient.

____ écouterai
____ écouteras
Il écoutera — une histoire.
____ écoutera

1b Complète avec *ranger* au futur.
1. Je _____ les livres.
2. Tu _____ la vaisselle.
3. Il _____ sa trousse.
4. Elle _____ sa chambre.

2a Écris le pronom pluriel qui convient.

____ mangerons
____ mangerez
____ mangeront — trop vite.
Elles mangeront

2b Complète avec *rester* au futur.
1. Nous _____ à table.
2. Vous _____ à la maison.
3. Ils _____ dans la cour.
4. Elles _____ à l'école.

3 Écris au futur les verbes entre parenthèses.

1. Le mois prochain, nous *(fêter)* _____ mon anniversaire. 2. Mes cousins *(arriver)* _____ par le TGV de 10 heures. 3. Mon frère *(préparer)* _____ un gâteau au chocolat. 4. Vous *(apporter)* _____ des jus de fruits. 5. Tu *(décorer)* _____ la table avant l'arrivée des invités. 6. Je *(souffler)* _____ mes huit bougies devant tout le monde.

As-tu réussi tes exercices ?

Très bien ☐   Assez bien ☐   Pas assez bien ☐

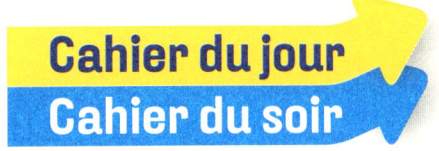

Français CE1

LIVRET DÉTACHABLE

Corrigés

- Une fois les exercices terminés, l'enfant consultera les **corrigés**. Dans un premier temps, il faudra s'assurer qu'il a compris la **cause de son erreur** ; si ce n'est pas le cas votre aide lui sera précieuse.

- Ensuite, à la fin de chaque page, **l'enfant s'auto-évaluera** en répondant à la question **« As-tu réussi tes exercices ? »** et en cochant la case correspondant à ses résultats.
  - Si la majorité des exercices est juste, l'enfant cochera la case « Très bien ».
  - S'il a à peu près autant d'exercices justes que d'exercices faux, il indiquera « Assez bien ».
  - S'il a plus d'exercices faux que d'exercices justes, il cochera la case « Pas assez bien ».

Grâce à cette petite rubrique, l'enfant apprendra à évaluer son travail et à progresser sans jamais se décourager. S'il a coché la case « Pas assez bien », rassurez-le en lui disant que l'essentiel n'est pas le résultat mais la compréhension des erreurs commises.

GRAMMAIRE

1. Majuscule, point et virgule

1a **1.** **L**e garçon mange une grappe de raisin. **2.** **I**l jette les pépins du raisin.

1b **N**athan et Clara partent à vélo cueillir des mûres. **C**haque enfant emmène avec lui un petit seau. **O**n peut faire cinq pots de confiture avec un seau plein de mûres. **I**ls ont mis un vieux pantalon et un tee-shirt à manches longues pour ne pas se faire piquer. **L**es buissons sont pleins d'épines.

2a Chaque hiver**,** Lucas protège ses arbres fruitiers du froid. Il y a des fruits pourris dans le panier**,** il faut les trier. En épluchant son fruit**,** Léo s'est blessé au pouce. Cette nuit**,** une violente tempête a fait tomber toutes les pommes de l'arbre.

2b Aujourd'hui, on ramasse des abricots pour la confiture.

2. Écrire des phrases (1)

1a Il faut entourer : **1** ; **3** ; **4**.

1b Exemples de réponses : **1.** La fillette regarde un livre. **2.** Le garçon dessine un arbre. **3.** La fillette efface le tableau.

2 Il faut entourer **2** et **3**.

3 **1.** Oui, j'ai bien dormi. **2.** Non, je ne reste pas couché. **3.** Non, je n'ai pas fait mon lit.

3. Écrire des phrases (2)

1 **1.** Tu as aimé la confiture ? **2.** Tu as mangé ton dessert ? **3.** Tu as terminé ton repas ?

2 **1.** Est-ce que tu aimes manger à la cantine ? **2.** Est-ce que tu as plié ta serviette ? **3.** Est-ce que tu as débarrassé ton assiette ?

3 **1.** Coupez-vous le pain ? **2.** Laves-tu ta pomme ? **3.** As-tu soif ?

4. Identifier le verbe

1a **1.** range ; **2.** plante ; **3.** rangera ; **4.** a planté.

1b **1.** joue ; **2.** tire ; **3.** rampe ; **4.** tisse.

2 **1.** jouer ; **2.** tirer ; **3.** ramper ; **4.** tisser.

3 Exemples de réponses : **1.** Le boulanger **ferme** le dimanche. **2.** Le peintre **colle** le papier. **3.** Le facteur **donne** le courrier.

5. Identifier le sujet du verbe

1 **1.** Qui est-ce qui mange les salades ? **2.** Qui est-ce qui ramasse des pommes ? **3.** Qui est-ce qui sème des radis ?

2 **1.** C'est la limace qui mange les salades. **2.** C'est Lisa qui ramasse des pommes. **3.** Ce sont les enfants qui sèment des radis.

3 **1.** La confiture attire les guêpes. **2.** Ces papillons volent de fleur en fleur. **3.** Johan observe une colonie de fourmis. **4.** Un hérisson traverse l'allée. **5.** Le canari siffle un air joyeux.

6. Identifier le nom et le déterminant

1 Ce **chat** dort sur le **divan**. Il attrape les **oiseaux** et les **souris**. Ma **copine** s'appelle **Élise**. Cette **fille** habite dans mon **immeuble**. Son **frère** élève des **rats** et des **hamsters**. Mes **voisins** ont un **chien** et une **tortue**. Ces **oiseaux** n'ont pas peur. Ils viennent manger dans ma **main**.

2 La **fillette** entre dans un **magasin**. Elle regarde les **jouets** et s'arrête devant les **vélos**.

Elle choisit une balle pour jouer avec ses raquettes. J'ai rangé ton camion dans le garage.

Les garçons jouent avec mon ballon dans le jardin. Des enfants courent dans l'herbe.

❸ À corriger avec l'aide d'un adulte.

7. Identifier les adjectifs

❶ 1. court ; usé. 2. jaune ; sucrée. 3. grande ; neuve.

❷a un gros orage ; une violente tempête ; un épais brouillard ; une forte pluie ; une petite averse ; un beau nuage.

❷b À corriger avec l'aide d'un adulte.

❷c un ciel bleu ; une journée grise ; une neige épaisse ; un temps humide ; un soleil brûlant ; un hiver long.

❷d À corriger avec l'aide d'un adulte.

8. Identifier le groupe nominal

❶ une/la chaise haute – un/le camion rouge – un/le chat malade – la/une petite chambre.

❷ 1. Le petit garçon ; 2. Le train – la nouvelle gare ; 3. ses feutres usés ; 4. Mes bottes bleues ; 5. Tes affaires sales – la table basse ; 6. ton vélo neuf ; 7. la piscine couverte ; 8. Un gros chien gris – son maître.

❸ À corriger avec l'aide d'un adulte.

9. Les pronoms

❶ 1. Elle regarde ses photos. 2. Il range ses livres. 3. Elle achète une revue. 4. Il apporte le journal.

❷ 1. Ils jouent au foot. 2. Ils amènent les supporters. 3. Elles sont vides. 4. Elles applaudissent les joueurs.

❸ 1. Elle ; 2. Ils ; 3. Elles ; 4. Il.

10. Le masculin et le féminin

❶a 1. le ; 2. un ; 3. un ou l' ; 4. le ou mon.

❶b un chien ; le saumon ; l'ours ; le poisson ; l'oiseau ; l'escargot ; le cheval ; un serpent.

❷ Il faut barrer : 1. le et un ; 2. le ; 3. la ; 4. (mouche) un ; (insecte) la et une.

❸ Noms masculins : le mouton ; un cochon ; l'écureuil ; un papillon.

Noms féminins : la brebis ; l'hirondelle ; une chenille ; la fourmi.

11. Le singulier et le pluriel

❶a Il faut barrer : 1. des ; les. 2. des ; les. 3. la ; un ; les.

❶b Exemples de réponses : 1. Il mange une pomme. 2. Elle achète un livre.

❷ des chemises ; les chaussures ; des gants ; des bottes ; mes robes.

❸ Noms singuliers : le tapis ; le tableau ; une nappe ; l'étagère.

Noms pluriels : deux vases ; des fleurs ; trois plantes ; des meubles.

VOCABULAIRE

12. L'ordre alphabétique

❶ A B C D E F I J K L M N O P Q R S T

❷ GOMME LION CADRE PLUIE RAT OGRE ZÈBRE TABLE

A B C D E F G H I J K L M N O P Q R S T U V W X Y Z

❸ cadre – gomme – lion – ogre – rat – table – zèbre.

13. Le dictionnaire

❶ 1. chaise : nom féminin (n.f.) ; 2. lent : adjectif (adj.) ; 3. sable : nom masculin (n.m.) ; 4. fendre : verbe (v.) ; 5. petit : adjectif (adj.) ; 6. gagner : verbe (v.).

❷ 1. ginkgo : arbre ; 2. marte : animal ; 3. boudeuse : meuble ; 4. cordier : métier.

❸ 1. souris : petit mammifère ; dispositif permettant de pointer un emplacement sur l'écran d'un ordinateur. 2. baguette : pain de forme très allongée ; petit bâton mince et allongé. 3. glace : miroir ; eau congelée.

14. Le sens propre et le sens figuré

❶ 3. et 4.

❷ 3. et 4.

❸ À corriger avec l'aide d'un adulte.

15. Les mots de la même famille – Les préfixes

❶a 1. dentier – dentaire – dentiste – dent – dentifrice – dentition – édenté

2. journée – journal – journaliste – jour – journalier – bonjour – aujourd'hui

3. sauterelle – sauteur – saut – saute-mouton – sautiller – sautoir – sursauter

❶b chantier – montage – grange – placard.

❷a recharger – reformer – regeler – reposer – relacer – reloger – reboutonner – recouper.

❷b décharger – déformer – dégeler – déposer – délacer – déloger – déboutonner – découper.

16. Les mots de la même famille – Les suffixes

❶a 1. clochette ; 2. cordelette ; 3. gouttelette.

❶b Le suffixe -ette veut dire plus petit.

❷a 1. peureux ; 2. dangereuse ; 3. montagneux.

❷b Exemples de réponses :

nom	verbe
dessin	dessiner
jardin	jardiner
travail	travailler

adjectif	nom
sale	saleté
bavard	bavardage
poli	politesse

CONJUGAISON

17. Le présent des verbes terminés par -er (1)

1 1. débarrasser ; 2. laver ; 3. tirer ; 4. couper.

2 1. efface ; 2. dessine ; 3. range.

3 1. écoutent ; 2. parlent ; 3. racontent ; 4. regardent ; 5. rangent ; 6. colorient.

4 1. Elles découpent… 2. Ils collent… 3. Elle décore… 4. Les enfants affichent… 5. La fillette arrache… 6. Il plie…

18. Le présent des verbes terminés par -er (2)

1a Je ; Tu ; Tu ; Je ; J' ; Tu ; Tu ; Je ; Tu ; Je ; J' ; Tu.

1b 1. Tu ramasses ; 2. Je promène ; 3. J'efface.

2 Nous ; Vous ; Vous ; Nous ; Vous ; Nous.

3

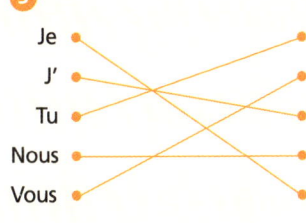

- Je • gagne souvent au jeu de dominos.
- J' • achète un nouveau jeu de société.
- Tu • joues aux cartes dans ta chambre.
- Nous • rangeons chaque jeu dans sa boîte.
- Vous • terminez un puzzle de mille pièces.

19. Le présent du verbe être

1a Elle est / Tu es / Je suis / Il est — en retard.

1b Tu es dans ton lit. Elle est à Paris. Je suis en avance. Il est devant la télévision.

2a Ils sont / Nous sommes / Elles sont / Vous êtes — à table.

2b Vous êtes au gymnase. Elles sont dans une ferme. Nous sommes au spectacle. Ils sont à la montagne.

3 1. est ; 2. sommes ; 3. êtes ; 4. es ; 5. suis ; sont.

20. Le présent du verbe avoir

1a Il a / J' ai / Elle a / Tu as — une sœur.

1b J'ai un nouveau vélo. Il a un gros rhume. Tu as un petit chat. Elle a des chaussures neuves.

2a Elles ont / Vous avez / Nous avons / Ils ont — peur.

2b Ils ont un nouveau maître. Vous avez l'air triste. Elles ont les mains sales. Nous avons mal au ventre.

3 1. a ; 2. ont ; 3. as ; 4. ai ; 5. avons ; 6. avez.

21. Le présent du verbe aller

1a Il va / Je vais / Tu vas / Elle va — au marché.

1b Je vais à la bibliothèque. Il va chez le coiffeur. Tu vas dans le jardin. Elle va dans sa chambre.

2a Elles vont / Nous allons / Ils vont / Vous allez — à Paris.

2b Nous allons dans la cour. Vous allez au gymnase. Elles vont déjeuner. Ils vont se laver.

3 1. vais ; 2. vas ; 3. allons ; 4. va ; 5. vont ; 6. allez.

22. Le présent des verbes dire et faire

1a Je ou tu dis / Nous disons / Il ou elle dit / Vous dites / Ils ou elles disent — « merci ».

1b 1. Vous dites « Bon appétit ». 2. Elle dit de partir. 3. Je dis ce que j'ai vu. 4. Ils disent de s'abriter de la pluie. 5. Nous disons des mensonges.

2a Je ou tu fais / Il ou elle fait / Vous faites / Ils ou Elles font / Nous faisons — la cuisine.

2b 1. Tu fais de la marche. 2. Nous faisons du sport. 3. Il fait la sieste. 4. Elles font un jeu de société. 5. Vous faites la vaisselle.

3 1. dit ; 2. fais – fais ; 3. font ; 4. faites ; 5. dis ; 6. disent ; 7. dites.

23. Le présent des verbes venir et prendre

1a Je ou tu viens / Ils ou elles viennent / Nous venons / Il ou elle vient / Vous venez — à Paris.

1b 1. Je viens te voir. 2. Elles viennent d'arriver. 3. Nous venons dans une heure. 4. Il vient en voiture. 5. Tu viens voir le film.

2a Il ou elle prend / Vous prenez / Je ou tu prends / Ils ou elles prennent / Nous prenons — un livre.

2b 1. Tu prends l'air. 2. Nous prenons des vacances. 3. Il prend son vélo. 4. Elles prennent le même chemin. 5. Vous prenez du pain et du beurre.

3 1. viens ; 2. viens ; 3. prends ; 4. viennent ; 5. prennent.

24. L'imparfait des verbes terminés par -er

1a Je/tu marchais / Tu/je marchais / Elle marchait / Il marchait — sur le sable.

1b Je pêchais des crevettes. Tu pêchais un crabe. Il pêchait des sardines. Elle pêchait la daurade.

2a Nous sautions / Vous sautiez / Ils sautaient / Elles sautaient — sur les rochers.

2b Nous portions les valises. / Vous portiez des livres. / Ils portaient un cartable. / Elles portaient un sac à main.

3 1. fêtions ; 2. arrivaient ; 3. préparait ; 4. apportiez ; 5. décorais ; 6. soufflais.

25. L'imparfait du verbe *être*

1a Elle était / J' ou tu étais / Il était / J' ou tu étais — malade.

1b Il était content de son travail. / Tu étais heureux de nous revoir. / J'étais le premier de la course. / Elle était la deuxième du tournoi.

2a Nous étions / Ils étaient / Vous étiez / Elles étaient — malades.

2b Nous étions à l'heure. / Elles étaient les dernières. / Ils étaient fiers des résultats. / Vous étiez en classe avec moi.

3 1. était ; 2. étiez ; 3. étaient ; 4. étais ; 5. étions ; 6. étais.

26. L'imparfait du verbe *avoir*

1a Il avait / J' ou tu avais / Elle avait / J' ou tu avais — un sac.

1b Tu avais de la chance. / Il avait mal à la tête. / Elle avait de la visite. / J'avais mal au ventre.

2a Nous avions / Elles avaient / Vous aviez / Ils avaient — peur.

2b Elles avaient des bonbons. / Vous aviez du chocolat. / Ils avaient des gâteaux. / Nous avions des croissants.

3 1. avais ; 2. avions ; 3. avait ; 4. avais ; 5. aviez ; 6. avaient.

27. L'imparfait des verbes *aller*, *dire* et *faire*

1a J' ou tu allais / Nous allions / Il ou elle allait / Vous alliez / Ils ou elles allaient — voir un spectacle.

1b 1. J'allais voir ma sœur. 2. Nous allions faire du vélo. 3. Tu allais à la bibliothèque. 4. Ils allaient jouer au football. 5. Elle allait se coucher.

2a Je ou tu disais / Il ou elle disait / Ils ou elles disaient / Vous disiez / Nous disions — des bêtises.

2b 1. Ils disaient « à demain ». 2. Je disais un poème. 3. Elle disait qu'elle avait mal. 4. Vous disiez que c'était incroyable. 5. Nous disions n'importe quoi.

3a Je ou tu faisais / Vous faisiez / Il ou elle faisait / Nous faisions / Ils ou elles faisaient — du bruit.

3b 1. Je faisais de la compote. 2. Nous faisions un jeu de cartes. 3. Tu faisais de la peinture. 4. Elle faisait de la danse sur glace. 5. Ils faisaient un caprice.

28. L'imparfait des verbes *venir* et *prendre*

1a Il ou elle venait / Nous venions / Ils ou elles venaient / Je ou tu venais / Vous veniez — à l'école.

1b 1. Tu venais à la maison. 2. Vous veniez de partir. 3. Ils venaient à bicyclette. 4. Elle venait marcher avec moi. 5. Nous venions te voir nager.

2a Ils ou elles prenaient / Vous preniez / Il ou elle prenait / Je ou tu prenais / Nous prenions — un livre.

2b 1. Je prenais de tes nouvelles. 2. Nous prenions une glace en dessert. 3. Elle prenait son livre. 4. Ils prenaient le même chemin. 5. Tu prenais le train tous les jours.

3 1. venais ; prenais ; 2. prenions ; venaient ; 3. prenais ; 4. venait ; prenait.

29. Le futur des verbes terminés par *-er*

1a J' écouterai / Tu écouteras / Il écoutera / Elle écoutera — une histoire.

1b Je rangerai les livres. / Tu rangeras la vaisselle. / Il rangera sa trousse. / Elle rangera sa chambre.

2a Nous mangerons / Vous mangerez / Ils mangeront / Elles mangeront — trop vite.

2b Nous resterons à table. / Vous resterez à la maison. / Ils resteront dans la cour. / Elles resteront à l'école.

3 1. fêterons ; 2. arriveront ; 3. préparera ; 4. apporterez ; 5. décoreras ; 6. soufflerai.

30. Le futur du verbe *être*

1a Je serai / Il sera / Elle sera / Tu seras — à Marseille.

1b Tu seras à Paris. / Elle sera à Nantes. / Je serai à Lyon. / Il sera à Toulouse.

2a Nous serons / Elles seront / Vous serez / Ils seront — à Londres.

2b Vous serez en Espagne. / Elles seront en Italie. / Ils seront au Portugal. / Nous serons au Brésil.

3 1. serai ; 2. seront ; 3. sera ; 4. serez ; 5. seras ; 6. serons.

31. Le futur du verbe avoir

1a
J' aurai
Elle aura
Il aura } peur.
Tu auras

1b
Il **aura** son travail à terminer.
Tu **auras** le temps d'aller jouer.
J'**aurai** de l'argent pour le cinéma.
Elle **aura** sa poésie à apprendre.

2a
Nous aurons
Ils auront } faim.
Vous aurez
Elles auront

2b
Nous **aurons** 18 ans demain.
Elles **auront** le droit de voter.
Ils **auront** l'âge de conduire.
Vous **aurez** votre diplôme.

3 1. aurai ; 2. auront ; 3. aura ; 4. aurons ; 5. auras ; 6. aurez.

32. Le futur des verbes aller, dire et faire

1a
J' irai
Nous irons
Tu iras } à Lyon.
Vous irez
Ils ou elles iront

1b
1. J'**irai** voir ce film.
2. Nous **irons** au théâtre.
3. Tu **iras** voir tes amis.
4. Elles **iront** regarder la télé.
5. Il **ira** se reposer.

2a
Nous dirons
Tu diras
Ils ou elles diront } « à bientôt ».
Vous direz
Il ou elle dira

2b
1. Ils **diront** des mensonges.
2. Je **dirai** la vérité.
3. Elle **dira** « non ».
4. Vous **direz** « oui ».
5. Nous **dirons** ce que nous avons vu.

3a
Il ou elle fera
Nous ferons
Tu feras } du sport.
Ils ou elles feront
Je ferai

3b
1. Tu **feras** un tour de magie.
2. Vous **ferez** la course.
3. Je **ferai** le clown dans la cour.
4. Elle **fera** son lit.
5. Ils **feront** du ski.

33. Le futur des verbes venir et prendre

1a
Il ou elle viendra
Nous viendrons
Ils ou elles viendront } en car.
Je viendrai
Tu viendras

1b
1. Tu **viendras** jouer ?
2. Vous **viendrez** à l'heure.
3. Il **viendra** en taxi.
4. Elles **viendront** en avance.
5. Nous **viendrons** demain.

2a
Nous prendrons
Tu prendras
Vous prendrez } le train.
Il ou elle prendra
Ils ou elles prendront

2b
1. Je **prendrai** mon temps pour venir.
2. Elles **prendront** une pomme ou une poire.
3. Il **prendra** ses jeux.
4. Nous **prendrons** une bonne douche.
5. Tu **prendras** tes affaires de sport.

3 1. prendrai ; 2. prendra ; 3. viendrons ; 4. prendras ; viendras ; 5. viendront ; 6. prendront.

ORTHOGRAPHE

34. Le son « o » : o – au – eau

1 un oiseau – une bougie – des chaussons – un bonbon – un couteau – un stylo – une autruche – un poisson – un radeau – un domino – un ballon – un piano – un taureau – un coussin – un pot – un pou – un saucisson

2 un sabot – un escargot – des haricots – un crocodile – un mot – des chaussures – un manteau – un tableau – une épaule – un chapeau – un saucisson – un marteau – du chocolat – une photo – un bureau

3 1. dos ; 2. lasso ; 3. château ; 4. drapeau ; 5. dauphin ; 6. cadeau ; 7. esquimau.

35. Le son « ê » : ai – ei – e – è – ê – et

1 Réponses variables selon les régions.
le raisin – une lèvre – un poulet – une échelle – une fraise – de la laine – un banc – la baignoire – un lacet – une ceinture – la fête – un manège – une étoile – un bonnet – une craie.

2 un balai – la forêt – une baleine – le nombre seize – une oreille – Il se lève – une guêpe – un zèbre – une fenêtre – une reine – une laitue – une araignée.

3 1. fenêtre ; 2. chaise ; 3. peigne ; 4. perle ; 5. arête ; 6. tête ; 7. flèche ; 8. aigle.

36. Le son « in » : in – im – ain – aim – en – yn – ym – ein

1 un sapin – un imperméable – le bain – l'appendicite – un daim – les impôts – une ceinture – la laine – un poussin – une épingle – un frein – le chemin – la reine – un rein – le larynx.

2 demain – un verre de vin – Il a faim – un moulin – une main – un médecin – la fin du film – une ceinture – Il prend son bain – le nombre vingt – un marin – une infirmière – un incendie – un coussin – C'est important – le frein du vélo.

3 1. singe ; 2. pinceau ; 3. train ; 4. raisin ; 5. timbre ; 6. nain ; 7. lapin ; 8. peinture.

37. Le son « é » : é – er – ez – et

1 Réponses variables selon les régions.
le clocher – un filet – l'élève – le manège – un boucher – chanter – une épée – un dossier – une hélice – une pièce – une clé – une tête – un éclair – vous marchez noir et blanc.

2 un carré – un éléphant – une église – du papier – Vous dormez – le dernier – un boucher – un nez – un marié – le premier – un hérisson – vous jouez – une éponge – une épaule – vous chantez.

3 1. décembre ; 2. fumée ; 3. cahier ; 4. année ; 5. février ; 6. évier. Mot écrit verticalement : du café.

38. Le son « an » : en – an – em – am

1 maman – une plante – un savant – un jambon – un enfant – un panier – une banane – une chambre – le mois de novembre – une dent – le nombre cent – un ami – un animal – la température – un landau – envelopper.

❷ un fantôme – un serpent – un banc – un ventilateur – un kangourou – une pendule – du dentifrice – un gant.

❸ un champignon – une ambulance – la température – une chambre – une ampoule – un tambour – une lampe.

❹ 1. tempête ; 2. manteau ; 3. pélican ; A. sandale ; B. balance ; C. pantalon ; D. ange.

39. Les noms terminés par les sons « ail – eil – euil – ouil »

❶ 1. portail ; 2. orteil ; 3. réveil ; 4. écureuil ; 5. chevreuil ; 6. fenouil ; 7. appareil.

❷ 1. paille – 2. muraille – 3. corbeille – 4. oreille – 5. bouteille – 6. nouille – 7. feuille.

❸ Noms masculins : travail – rail – portefeuille.
Noms féminins : grenouille – volaille – maille.

40. s ou ss ?

❶ Il faut souligner : chaise – blouson – arrosoir – oiseau – prison – analyse – chose.
Il faut entourer : sapin – poste – salade – valse – semaine – disque.

❷a un bassin – une chaussure – une tasse – un hérisson – la classe – une trousse – une poule rousse.

❷b la chasse – une chaussette – un sapin – un lasso – un seau – une souris – un casque – il est assis – un escalier – du sucre – la poste – un poussin.

❸ des chaussons – une valise – un croissant – une casserole – une église – une personne – une fusée – du saucisson – une chemise.

41. c ou ç ?

❶ Il faut souligner : berceau – balance – cerises – pinceau – puce – cirage – citron – lacet.

❷ un Français – un commerçant – une gerçure – un remplaçant – un caleçon – un reçu – Nous grinçons des dents. – une leçon.

❸ 1. France ; 2. garçon – leçon ; 3. français ; 4. maçon – ciment ; 5. Francis – façade – pinceaux ; 6. hameçon ; 7. perçant.

❹ limaçon ; cascade ; balançoire.

42. g, ge ou gu ?

❶ 1. Le rouge-gorge picore des graines dans la mangeoire ; puis il s'asperge d'eau et éclabousse toute sa cage. 2. Dans ses bagages, le magicien a rangé un pigeon, une robe rouge et une bougie collée sur un bougeoir.

❷ 1. Le garçon s'est mordu la langue. 2. Ce gamin cueille des marguerites. 3. Dans le grenier, j'ai trouvé une longue écharpe et une cagoule grise. 4. Pour son goûter, Guillaume a préparé un morceau de gruyère avec de la confiture de figues.

❸ un genou – un guidon – une gifle – la guerre – un wagon – une plage – une gare – un agent – une langue – Nous rangeons les livres. – un bourgeon.

❹ nageoire ; escargot ; déménagement.

43. a/à

❶ 1. Sarah a dessiné un bateau. 2. Il a des voiles blanches et bleues. 3. Elle a accroché son dessin au mur.

❷ Chaque semaine, les élèves vont à la piscine à pied. Lucie a oublié son maillot de bain. Le maître-nageur lui prête un maillot à rayures. Lucas a perdu sa serviette dans les vestiaires. Axel ne se baigne pas, il a peur d'aller dans le grand bain.

❸ Aujourd'hui, papa a acheté un ordinateur. Je reste à la maison pour l'aider à l'installer. Il n'arrive pas à l'allumer. Il a mal à la tête. Il y a trop de choses compliquées à faire.

❹

Mon frère	☒ a ☐ à	commencé	☐ a ☒ à	marcher	☐ a ☒ à	un an.
Il fait de la voiture	☐ a ☒ à	pédales dans la salle	☐ a ☒ à	manger.		
Il	☒ a ☐ à	déchiré le tapis ; il	☒ a ☐ à	aussi cassé un vase.		

44. sont/son

❶ 1. Les marchands sont installés sur la place. 2. Les fruits du marché sont chers. 3. Les clients sont servis en même temps.

❷ 1. Axel me prête son livre. 2. Son frère a perdu son stylo. 3. Son goûter est rangé dans son cartable.

❸ Attention, ces fruits sont (étaient) abîmés. Les pommes sont (étaient) mûres ; Maëlis peut les cueillir et les mettre dans son (mon, le) sac. Ces poires sont (étaient) sucrées. Il ramasse son (le, un) panier plein de fruits et l'attache sur son (mon, le) vélo.

❹

Les joueurs	☒ sont ☐ son	malades et les matchs	☒ sont ☐ son	annulés.		
Théo prête	☐ sont ☒ son	ballon aux enfants qui	☒ sont ☐ son	sur le stade.		
Il range	☐ sont ☒ son	maillot dans	☐ sont ☒ son	sac à dos.		

45. est/et

❶ 1. Mon chat est tout noir. 2. Il est âgé de huit ans. 3. Ce chat est très drôle.

❷ 1. Léa adore les puzzles et les coloriages. 2. Elle découpe les images et les photos. 3. Elle collectionne les timbres et les stylos.

❸ Ce camion est arrêté au milieu de la rue et il gêne la circulation. Seuls, les motos et les cyclistes arrivent à passer. Il est en panne et le chauffeur attend la dépanneuse. Il est impossible de faire plus vite…

❹ Élise se promène sur la plage [est̶] |et| ramasse des coquillages [est̶] |et| des galets. La marée |est| [et̶] basse [est̶] |et| de nombreux rochers sont découverts. Un petit crabe |est| [et̶] effrayé [est̶] |et| se cache. Élise avance avec précaution [est̶] |et| fait attention de ne pas glisser sur les algues [est̶] |et| de ne pas tomber dans une mare d'eau.

46. ont/on

❶ 1. Mes parents ont fait un beau voyage. 2. Ils ont visité la ville de Chicago. 3. Les gens ont de grosses voitures.

2 1. À la fête de l'école, **on** a gagné des peluches. 2. Ce matin, **on** achète des billets de loterie. 3. **On** est sûr de remporter le gros lot.

3 Comme **on** (il) est bien quand **on** (il) est en vacances ! **On** (il) n'est pas obligé de se lever le matin et **on** (il) passe des heures à jouer. Mes copains **ont** (avaient) l'autorisation de venir à la maison. Maman prépare toujours des gâteaux pour ceux qui **ont** (avaient) faim.

4 À la piscine, ~~ont~~ **on** apprend à nager et ~~ont~~ **on** joue au ballon dans l'eau.
~~Ont~~ **On** dit aux enfants fatigués d'aller sur un banc car ils **ont** ~~on~~ besoin de repos.
~~Ont~~ **On** gronde les enfants qui **ont** ~~on~~ fait des bêtises et ceux qui **ont** ~~on~~ crié.

47. *ou/où*

1 1. Tu as un bateau à voile **ou** à moteur ? 2. Il est au port **ou** dans un garage ? 3. Tu navigues l'été **ou** l'hiver ?

2 Tu veux aller à Paris **ou** (ou bien) en province ? Tu ne sais pas **où** tu veux partir. Il faut choisir entre la ville **ou** (ou bien) la campagne. **Où** habites-tu en ce moment ? C'est une grande ville **ou** (ou bien) un village ? L'endroit **où** tu vis est loin de la capitale.

3 Je ne sais pas **où** dort mon chat. Il est dans une armoire **ou** sur un lit. Peux-tu m'aider **ou** préfères-tu me laisser chercher seul ? **Où** peut-il être ? Dehors **ou** dans la maison ? Si tu l'as vu, dis-moi **où** il est.

4 Je ne sais pas ~~ou~~ **où** installer mon ordinateur. Je peux le placer sur une étagère **ou** ~~où~~ sur mon bureau. ~~Ou~~ **Où** se trouve la prise de courant la plus proche ? Maintenant, je vais pouvoir envoyer des messages à mes amis **ou** ~~où~~ en recevoir.

48. Le féminin des noms : règle générale

1

Noms masculins	Noms féminins
un gamin	une gamine
un voisin	une voisine
un marchand	une marchande
un employé	une employée

2 1. une absente ; 2. une gourmande ; 3. une présidente ; 4. la bavarde ; 5. une Anglaise ; 6. une Allemande ; 7. la géante ; 8. Françoise.

3 1. un Espagnol ; 2. le cousin ; 3. le blessé ; 4. un renard ; 5. l'étudiant ; 6. un inconnu ; 7. un ennemi ; 8. un Chinois.

49. Le féminin des noms en *-ier* et en *-er*

1a 1. la prisonnière ; 2. une sorcière ; 3. une ouvrière ; 4. la première ; 5. une épicière.

1b 1. un laitier ; 2. un teinturier ; 3. l'écolier ; 4. le couturier ; 5. un cavalier.

2a 1. la pâtissière ; 2. la conseillère ; 3. une gauchère.

2b 1. le berger ; 2. un étranger ; 3. un écuyer.

3 1. La cuisinière prépare une sauce. 2. La boulangère se lève tôt. 3. La caissière rend la monnaie.

50. Les féminins particuliers

1a 1. une Parisienne ; 2. une lionne ; 3. une Indienne ; 4. une muette.

1b 1. un espion ; 2. un comédien ; 3. le paysan ; 4. le patron.

1c Dans cet immeuble, la **gardienne** connaît tous ses locataires. La **pharmacienne** habite au rez-de-chaussée. La dame du premier est une **championne** de tennis. Le monsieur du deuxième possède une adorable petite **chienne**. Le dernier étage est occupé par une célèbre **musicienne**.

2a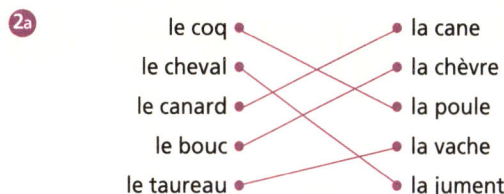

2b 1. une femme ; 2. ma sœur ; 3. la mère ; 4. la fille ; 5. ta tante.

51. Les lettres finales muettes

1 Gauloi**s** – li**t** – cha**t**.

2a 1. un intru**s** ; 2. un Anglai**s** ; 3. un marchan**d** ; 4. un bavar**d** ; 5. un candida**t** ; 6. un sour**d**.

2b 1. galo**p** ; 2. sau**t** ; 3. chan**t** ; 4. ran**g**.

3 1. un pay**s** – un comba**t** – un mon**t** – le do**s** – un trico**t** – du lai**t** – le repo**s** – le san**g** – un acciden**t** – un Françai**s** – un po**t** – un pa**s** – un cam**p** – un Alleman**d**.

52. Le pluriel des noms : règle générale

1 Noms singuliers : le camion ; l'avion ; un taxi ; l'ambulance. Noms pluriels : les vélos ; des voitures ; les motos ; les cars.

2 des mouton**s** ; deux lion**s** ; les singe**s** ; plusieurs tigre**s** ; cinq chèvre**s** ; mes chat**s** ; tes chien**s**.

3 1. des âne**s** ; 2. des pigeon**s** ; 3. des bison**s** ; 4. des perroquet**s** ; 5. des grenouille**s** ; 6. des baleine**s**.

4 J'ai acheté **des poissons** pour **mes chats**. Pour faire **des/mes tartes**, j'ai rapporté aussi **des pommes**, **des poires** et **des ananas**.

53. Le pluriel des noms en *-eau, -au, -eu*

1a 1. les râteau**x** ; 2. les tableau**x** ; 3. des bateau**x** ; 4. des troupeau**x**.

1b 1. des étau**x** ; 2. les tuyau**x** ; 3. les joyau**x** ; 4. des landau**s**.

2 1. des cheveu**x** ; 2. des neveu**x** ; 3. des pieu**x** ; 4. des dieu**x** ; 5. des jeu**x** ; 6. des milieu**x** ; 7. des pneu**s** ; 8. des bleu**s**.

3 1. un couteau ; 2. des rideaux ; 3. des oiseaux ; 4. des lieux ; 5. des adieux ; 6. un landau ; 7. un corbeau ; 8. des boyaux ; 9. un esquimau ; 10. un enjeu.

54. Le pluriel des noms en *-ou*

1 1. des cou**s** ; 2. des sou**s** ; 3. des coucou**s** ; 4. des verrou**s**.

2 1. des chou**x** ; 2. des bijou**x** ; 3. des caillou**x** ; 4. des joujou**x**.

3 1. Les souris se sauvent devant **les matous**. 2. En visitant le zoo, j'ai aperçu **des caribous**. 3. **Les hiboux** et les aigles sont des espèces protégées.

4 des p**oux** ; un bamb**ou** ; les gen**oux** ; des mér**ous** ; un bis**ou** ; des voy**ous** ; un tr**ou** ; des hind**ous** ; des kangour**ous** ; un f**ou**.

55. Le féminin des adjectifs : règle générale

1a petite : féminin ; vert : masculin ; joli : masculin ; salée : féminin.

1b une veste grise ; une fille blonde ; une automobile bleue ; une herbe haute ; une grande table ; une lourde caisse ; une mauvaise adresse.

2 1. une école maternelle ; 2. une ancienne élève ; 3. une table basse ; 4. une bonne recette ; 5. une fête annuelle ; 6. une gentille fille ; 7. une image nette ; 8. une épaisse fumée.

3 1. Il boit un verre d'eau sucrée. 2. Cet alpiniste a fait une chute mortelle. 3. Une violente tempête a couché les arbres du parc. 4. Ne mange pas cette viande crue.

56. Le féminin des adjectifs particuliers

1 1. une chienne heureuse ; 2. une route boueuse ; 3. une voiture coûteuse ; 4. une fille fiévreuse.

2 1. rieuse ; 2. songeuse ; 3. rêveuse ; 4. tricheuse.

3 1. une fille grossière ; 2. la dernière page ; 3. une histoire policière ; 4. une nation étrangère ; 5. une journée printanière ; 6. une expression familière.

4 une tarte délicieuse ; un homme courageux ; une bête voleuse ; un garçon menteur ; une lettre légère.

57. Le pluriel des adjectifs : règle générale

1a des avions bruyants ; des gâteaux sucrés ; des fruits mûrs ; des cartables légers ; des arbres morts ; des jolis tableaux.

1b 1. des pommes jaunes ; 2. des mains sales ; 3. des fleurs rouges ; 4. des histoires tristes ; 5. des assiettes fragiles ; 6. des montagnes énormes.

2 1. Ces gros avions transportent des véhicules de luxe. 2. Les élèves soigneux ont rangé leur cartable. 3. Il a des souvenirs précis de son voyage en Italie. 4. Des signaux lumineux indiquent un danger.

3 1. Tes jeux électroniques ne peuvent pas fonctionner avec des piles usées. 2. Ces vieux jouets ont des petites pièces dangereuses pour les jeunes enfants.

58. Le pluriel des adjectifs particuliers

1 1. J'ai deux frères jumeaux qui se nomment Noah et Ethan. 2. Pour mon anniversaire, j'ai reçu plusieurs beaux livres. 3. Les bébés esquimaux sont habitués au froid.

2a 1. des fruits tropicaux ; 2. des cadeaux royaux ; 3. des colis postaux ; 4. des enfants brutaux ; 5. des exercices oraux ; 6. des repas familiaux.

2b Singulier : mural ; amical ; vertical ; total ; égal.
Pluriel : muraux ; amicaux ; verticaux ; totaux ; égaux.

3 1. Les vols spatiaux sont de plus en plus sûrs. 2. Ces traits horizontaux ont été tracés avec une règle. 3. Ce restaurant ne sert que des plats régionaux. 4. De nouveaux élèves sont arrivés dans l'école.

59. L'accord dans le groupe nominal : déterminant – nom – adjectif

1 1. un/le pommier fleuri ; 2. une/la branche basse ; 3. un/l'arbre fruitier ; 4. une/la fleur bleue ; 5. un/le petit buisson ; 6. une/la grande forêt ; 7. un/le lieu ombragé ; 8. une/la belle plante verte.

2 1. des/les sentiers forestiers ; 2. des/les feuilles mortes ; 3. des/les sapins dénudés ; 4. des/les branches cassées ; 5. des/les champignons mortels ; 6. des/les plantes vertes ; 7. des/les petits buissons rouges ; 8. des/les jeunes haies taillées.

3 des routes sombres ; une aiguille piquante ; des grands arbres déracinés ; un vieux tronc pourri.

60. L'accord du verbe avec son sujet

1 1. arrête ; 2. allume ; 3. encourage ; 4. enfile – lace ; 5. tire – marque.

2 1. Le cheval saute par-dessus la haie. 2. Les vaches chassent les mouches avec leur queue. 3. Le berger et son chien surveillent les bêtes. 4. Des moutons s'éloignent du troupeau. 5. Il apporte de l'eau aux bêtes. Elles marchent vers l'abreuvoir.

3 1. déjeunent ; 2. mange ; 3. coupe – beurre ; 4. lavent – rangent ; 5. arrivent.

30 Le futur du verbe *être*

Je découvre et je retiens

1

Demain,
- **je serai** en vacances.
- **tu seras** à la montagne.
- **il sera** à la campagne.

2

Demain,
- **nous serons** à la pêche.
- **vous serez** à la plage.
- **elles seront** à la mer.

▶ Conjugaison du verbe *être* au futur :

Personnes du singulier :
Je **serai** Tu **seras** Il/Elle **sera**

Personnes du pluriel :
Nous **serons** Vous **serez** Ils/Elles **seront**

Je m'entraîne

1a Écris le pronom singulier qui convient.

____ serai
____ sera
Elle sera — à Marseille.
____ seras

1b Complète avec le verbe *être* au futur.
1. Tu ____ à Paris.
2. Elle ____ à Nantes.
3. Je ____ à Lyon.
4. Il ____ à Toulouse.

2a Écris le pronom pluriel qui convient.

____ serons
____ seront
____ serez — à Londres.
Ils seront

2b Complète avec le verbe *être* au futur.
1. Vous ____ en Espagne.
2. Elles ____ en Italie.
3. Ils ____ au Portugal.
4. Nous ____ au Brésil.

3 Complète les phrases avec le verbe *être* au futur.

1. Quand je ____ grand je pourrai conduire une voiture. 2. Les voitures électriques ____ bientôt en grand nombre. 3. Plus tard, Théo ____ pilote de course. 4. Dimanche, vous ____ surpris du résultat du match. 5. Dans une heure, tu ____ au stade. 6. Nous ____ les premiers à féliciter les vainqueurs.

As-tu réussi tes exercices ?

Très bien ☐   Assez bien ☐   Pas assez bien ☐

31 Le futur du verbe *avoir*

Je découvre et je retiens

1 Demain, j'aurai un vélo neuf.
tu auras un bonbon.
elle aura une poupée.

2 Demain, nous aurons un ballon.
vous aurez une surprise.
ils auront un cadeau.

▶ Conjugaison du verbe *avoir* au **futur** :

Personnes du singulier :
J'**aurai**   Tu **auras**   Il/Elle **aura**

Personnes du pluriel :
Nous **aurons**   Vous **aurez**   Ils/Elles **auront**

Je m'entraîne

1a Écris le pronom singulier qui convient.

____ aurai
____ aura
Il aura — peur.
____ auras

1b Complète avec le verbe *avoir* au futur.

1. Il _____ son travail à terminer.
2. Tu _____ le temps d'aller jouer.
3. J' _____ de l'argent pour le cinéma.
4. Elle _____ sa poésie à apprendre.

2a Écris le pronom pluriel qui convient.

____ aurons
____ auront
____ aurez — faim.
Elles auront

2b Complète avec le verbe *avoir* au futur.

1. Nous _____ 18 ans demain.
2. Elles _____ le droit de voter.
3. Ils _____ l'âge de conduire.
4. Vous _____ votre diplôme.

3 Complète les phrases avec le verbe *avoir* au futur.

1. En l'an 3000, j'_____ 980 ans. 2. Avec les progrès de la médecine, tous les gens _____ un âge élevé. 3. Le ciel _____ toujours la même couleur bleue. 4. Nous _____ un air pur et non pollué. 5. Tu _____ une voiture sans roue. 6. Dans mille ans, vous _____ le droit de travailler quand vous voudrez.

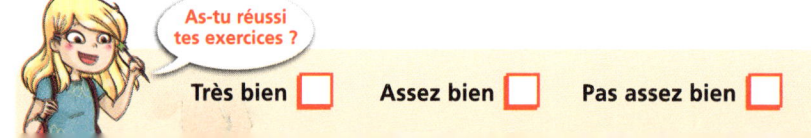

As-tu réussi tes exercices ?
Très bien ☐   Assez bien ☐   Pas assez bien ☐

32 Le futur des verbes *aller*, *dire* et *faire*

Je découvre et je retiens

1 Nous irons là-bas en avion.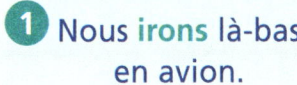

2 Tu diras ce que tu as vu.

3 Vous ferez des photos.

▶ Le futur du verbe *aller* :

J'irai	Nous irons
Tu iras	Vous irez
Elle ira	Ils iront

▶ Le futur du verbe *dire* :

Je dirai	Nous dirons
Tu diras	Vous direz
Il dira	Elles diront

▶ Le futur du verbe *faire* :

Je ferai	Nous ferons
Tu feras	Vous ferez
Il fera	Ils feront

Je m'entraîne

1a Écris le pronom qui convient.

_____ irai
_____ irons
_____ iras   à Lyon.
_____ irez
_____ iront

1b Complète avec le verbe *aller* au futur.

1. J'_____ voir ce film.
2. Nous _____ au théâtre.
3. Tu _____ voir tes amis.
4. Elles _____ regarder la télé.
5. Il _____ se reposer.

2a Écris le pronom qui convient.

_____ dirons
_____ diras
_____ diront   « à bientôt ».
_____ direz
_____ dira

2b Complète avec le verbe *dire* au futur.

1. Ils _____ des mensonges.
2. Je _____ la vérité.
3. Elle _____ « non ».
4. Vous _____ « oui ».
5. Nous _____ ce que nous avons vu.

3a Écris le pronom qui convient.

_____ fera
_____ ferons
_____ feras   du sport.
_____ feront
_____ ferai

3b Complète avec le verbe *faire* au futur.

1. Tu _____ un tour de magie.
2. Vous _____ la course.
3. Je _____ le clown dans la cour.
4. Elle _____ son lit.
5. Ils _____ du ski.

As-tu réussi tes exercices ?

Très bien ☐   Assez bien ☐   Pas assez bien ☐

33 Le futur des verbes *venir* et *prendre*

Je découvre et je retiens

1 Demain, vous **viendrez** chez moi.

▶ Conjugaison du verbe *venir* au futur :

Je viend**rai**   Nous viend**rons**
Tu viend**ras**   Vous viend**rez**
Il/Elle viend**ra**   Ils/Elles viend**ront**

2 Tu **prendras** ton ballon.
Ta sœur **prendra** sa patinette.

▶ Conjugaison du verbe *prendre* au futur :

Je prend**rai**   Nous prend**rons**
Tu prend**ras**   Vous prend**rez**
Il/Elle prend**ra**   Ils/Elles prend**ront**

Je m'entraîne

1a Écris le pronom qui convient.

_____ viendra
_____ viendrons
_____ viendront   en car.
_____ viendrai
_____ viendras

1b Complète avec *venir* au futur.

1. Tu _____ jouer ?
2. Vous _____ à l'heure.
3. Il _____ en taxi.
4. Elles _____ en avance.
5. Nous _____ demain.

2a Écris le pronom qui convient.

_____ prendrons
_____ prendras
_____ prendrez   le train.
_____ prendra
_____ prendront

2b Complète avec *prendre* au futur.

1. Je _____ mon temps pour venir.
2. Elles _____ une pomme ou une poire.
3. Il _____ ses jeux.
4. Nous _____ une bonne douche.
5. Tu _____ tes affaires de sport.

3 Complète avec le verbe *venir* ou *prendre* au futur.

1. Je *(prendre)* _____ mon vélo. 2. Ma sœur Léna *(prendre)* _____ le sien. 3. Nous *(venir)* _____ beaucoup plus vite chez toi qu'à pied. 4. Tu *(prendre)* _____ ensuite ton vélo et tu *(venir)* _____ avec nous chez Arthur. 5. Tous nos autres copains *(venir)* _____ aussi chez lui. 6. Ils *(prendre)* _____ leur vélo et tous ensemble nous irons voir la mer.

As-tu réussi tes exercices ? Très bien ☐   Assez bien ☐   Pas assez bien ☐

34 Le son « o » : *o – au – eau*

Je découvre et je retiens

un lavab**o**

un land**au**

un bat**eau**

▶ Le son « **o** » s'écrit : *o – au – eau*.

Je m'entraîne

1 Entoure les lettres qui font le son « o ».

un oiseau – une bougie – des chaussons – un bonbon – un couteau – un stylo – une autruche – un poisson – un radeau – un domino – un ballon – un piano – un taureau – un coussin – un pot – un pou – un saucisson

2 Complète les mots par : *o – au – eau*. Aide-toi d'un dictionnaire.

un sab___t – un escarg___t – des haric___ts – un cr___c___dile – un m___t – des ch___ssures – un mant___ – un tabl___ – une ép___le – un chap___ – un s___cisson – un mart___ – du ch___c___lat – une ph___t___ – un bur___

3 Complète la grille de mots croisés en t'aidant des dessins.

1.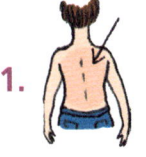
2.
3.
4.
5.
6.
7.

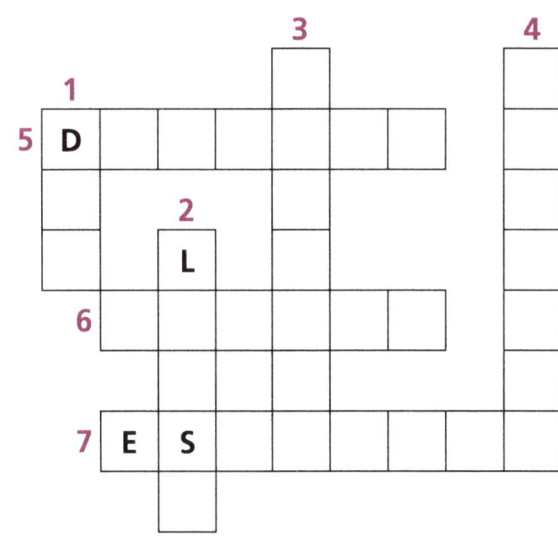

Très bien ☐   Assez bien ☐   Pas assez bien ☐

35 Le son « ê » : ai – ei – e – è – ê – et

Je découvre et je retiens

un balai — la neige — un verre — une chèvre — une tête — un volet

▶ Le son « ê » s'écrit : *ai – ei – e – è – ê – et*.

Je m'entraîne

1 **Entoure les lettres qui font le son « ê ».**

le raisin – une lèvre – un poulet – une échelle – une fraise – de la laine – un banc – la baignoire – un lacet – une ceinture – la fête – un manège – une étoile – un bonnet – une craie

2 **Complète les mots par :** *ai – ei – ê – è*. **Aide-toi d'un dictionnaire.**

un bal____ – la for____t – une bal____ne – le nombre s____ze – une or____lle – Il se l____ve – une gu____pe – un z____bre – une fen____tre – une r____ne – une l____tue – une ar____gnée

3 **Complète la grille de mots croisés en t'aidant des dessins.**

As-tu réussi tes exercices ?

Très bien ☐   Assez bien ☐   Pas assez bien ☐

36 Le son « in » : *in – im – ain – aim – en – yn – ym – ein*

Je découvre et je retiens

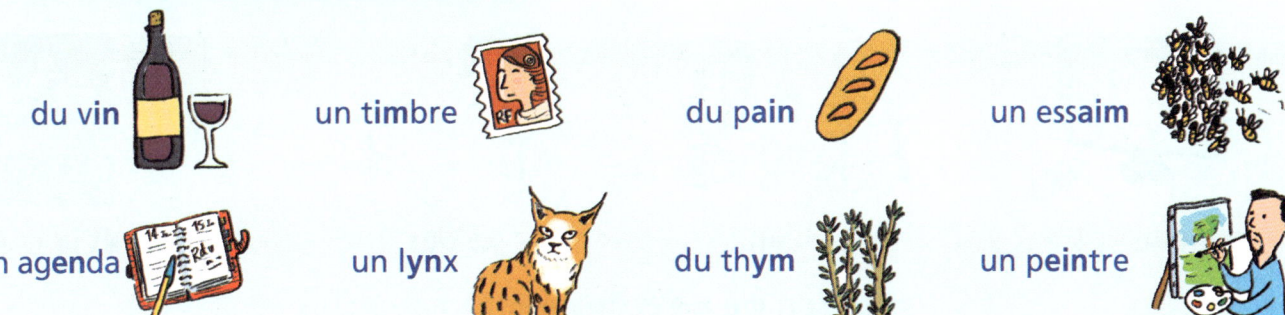

du vin – un timbre – du pain – un essaim

un agenda – un lynx – du thym – un peintre

▶ Le son « in » s'écrit : *in – en – im – yn – ain – ym – aim – ein*.

Je m'entraîne

1 Entoure les lettres qui font le son « in ».

un sapin – un imperméable – le bain – l'appendicite – un daim – les impôts – une ceinture – la laine – un poussin – une épingle – un frein – le chemin – la reine – un rein – le larynx

2 Complète les mots par : *in – im – ain – aim – ein*. Tu peux t'aider d'un dictionnaire.

dem_____ – un verre de v_____ – Il a f_____ – un moul_____ – une m_____ – un médec_____ – la f_____ du film – une c_____ture – Il prend son b_____ – le nombre v_____gt – un mar_____ – une _____firmière – un _____cendie – un couss_____ – C'est _____portant – le fr_____ du vélo

3 Complète cette grille de mots croisés en t'aidant des dessins.

Très bien ☐   Assez bien ☐   Pas assez bien ☐

As-tu réussi tes exercices ?

37 Le son « é » : é – er – ez – et

Je découvre et je retiens

une télévision — le boulanger — un nez — le rouge et le noir

▶ Le son « é » s'écrit : **é – er – ez – et**.

Je m'entraîne

1 Entoure les lettres qui font le son « é ».

le clocher – un filet – l'élève – le manège – un boucher – chanter – une épée – un dossier – une hélice – une pièce – une clé – une tête – un éclair – vous marchez – noir et blanc

2 Complète les mots par : **é – er – ez**. Tu peux t'aider d'un dictionnaire.

un carr____ – un ____l____phant – une ____glise – du papi____ – vous dorm____ – le derni____ – un bouch____ – un n____ – un mari____ – le premi____ – un h____risson – vous jou____ – une ____ponge – une ____paule – vous chant____

3 Complète cette grille de mots croisés en t'aidant des dessins et des définitions. Découvre le mot écrit verticalement. Colorie-le.

1. C'est le dernier mois de l'année.
2.
3.
4. C'est l'ensemble des mois.
5. Ce mois n'a que vingt-huit jours.
6.

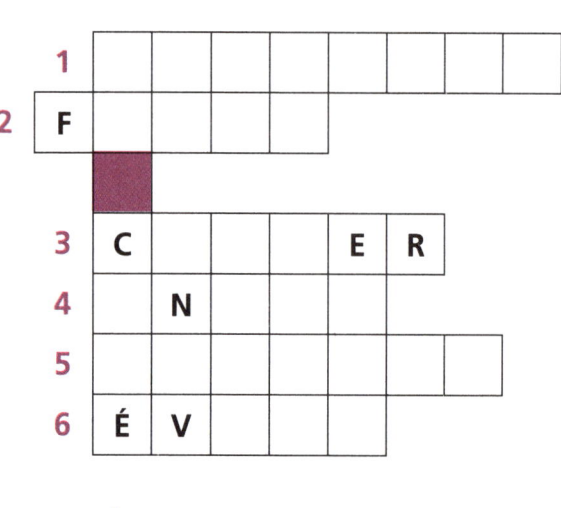

↳ _____

Très bien ☐   Assez bien ☐   Pas assez bien ☐

38 Le son « an » : *en* – *an* – *em* – *am*

Je découvre et je retiens

   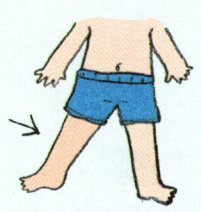

une **ten**te — **chan**ter — la **tem**pête — une **jam**be

▶ Le son « **an** » s'écrit : *en* – *an* – *em* – *am*.

Je m'entraîne

1 Entoure les lettres qui font le son « an ».

maman – une plante – un savant – un jambon – un enfant – un panier – une banane – une chambre – le mois de novembre – une dent – le nombre cent – un ami – un animal – la température – un landau – envelopper

2 Complète les mots par : *en* – *an*.

un f____tôme – un serp____t – un b____c – un v____tilateur – un k____gourou – une p____dule – du d____tifrice – un g____t

3 Complète les mots par : *em* – *am*.

un ch____pignon – une ____bulance – la t____pérature – une ch____bre – une ____poule – un t____bour – une l____pe

4 Complète cette grille de mots croisés en t'aidant des dessins.

 1.
 A.
 C.
 2.
 B.
 D.
 3.

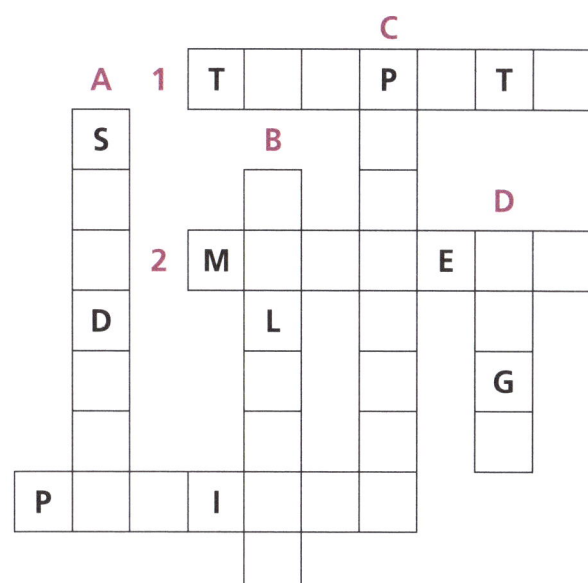

As-tu réussi tes exercices ?

Très bien ☐   Assez bien ☐   Pas assez bien ☐

39 Les noms terminés par les sons « ail – eil – euil – ouil »

Je découvre et je retiens

1
- un éventail
- un fauteuil
- le soleil
- le fenouil

▶ **Les noms masculins** terminés par les sons « ail, eil, euil, ouil » se terminent par *-il*.
Exception : *un portefeuille*.

2
- une médaille
- une feuille
- une abeille
- une citrouille

▶ **Les noms féminins** terminés par les sons « ail, eil, euil, ouil » se terminent par *-ille*.

Je m'entraîne

1 **Complète les mots par :** *ail – eil – euil – ouil*.

1. Le port_____ du jardin est fermé. **2.** Il s'est cassé un ort_____. **3.** Noah met son rév_____ à l'heure. **4.** Un écur_____ saute de branche en branche. **5.** Le chevr_____ se cache dans la forêt. **6.** Maman met souvent un peu de fen_____ dans la soupe. **7.** Pour mon anniversaire, j'ai reçu un appar_____ photo.

2 **Complète les mots par :** *aille – eille – euille – ouille*.

1. Lilou boit son jus de fruits avec une p_____. **2.** Le château fort est entouré par une haute mur_____. **3.** Mets ces fruits dans la corb_____. **4.** Quand il réfléchit, Enzo se gratte l'or_____. **5.** Va remplir cette bout_____ d'eau. **6.** Mange proprement et ramasse la n_____ que tu as fait tomber par terre. **7.** Range cette f_____ dans ton classeur.

3 **Classe les noms dans le tableau.**

travail   grenouille   volaille
rail   maille   portefeuille

Noms masculins	Noms féminins

As-tu réussi tes exercices ?
Très bien ☐   Assez bien ☐   Pas assez bien ☐

40 s ou ss ?

Je découvre et je retiens

1

une chaise
↑ ↑
voyelles

un ourson
↑ ↑
consonne voyelle

▶ La lettre **s** se prononce « **z** » entre deux voyelles et « **s** » entre une consonne et une voyelle.

2

un poisson
↑ ↑
voyelles

un bassin
↑ ↑
voyelles

▶ Pour faire le son « **s** » entre deux voyelles, on écrit **ss**.

Je m'entraîne

1 Souligne les mots dans lesquels la lettre **s** se prononce « **z** ».
Entoure ceux dans lesquels la lettre **s** se prononce « **s** ».

la chaise – un blouson – un sapin – un arrosoir – la poste – un oiseau – une prison – la salade – une analyse – une valse – une chose – une semaine – un disque

2a Écris **s** uniquement dans les mots où l'on entend le son « **s** ».

un bas__in	une tas__e	un héris__on	un blous__on
une chaus__ure	une mais__on	la clas__e	une poule rous__e
un ois__eau	une ceris__e	une trous__e	

2b Complète les mots avec **s** ou **ss** pour faire le son « **s** ».

la cha__e	un la__o	un ca__que	du __ucre
une chau__ette	un __eau	il est a__is	la po__te
un __apin	une __ouris	un e__calier	un pou__in

3 Complète les mots pour faire soit le son « **s** » soit le son « **z** ».

des chau__ons	une ca__erole	une fu__ée
une vali__e	une égli__e	du sauci__on
un croi__ant	une per__onne	une chemi__e

As-tu réussi tes exercices ?

Très bien ☐   Assez bien ☐   Pas assez bien ☐

41 c ou ç ?

Je découvre et je retiens

1
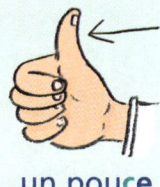
un pouce
↑

une cible
↑

▶ La lettre **c** se prononce « **s** » devant **e** et **i**.

2

le drapeau français
↑

Le garçon a reçu du courrier.
↑   ↑

▶ Pour faire le son « **s** » devant **a**, **o** et **u**, on écrit **ç**.

Je m'entraîne

1 **Souligne les mots dans lesquels la lettre c se prononce « s ».**

un berceau – un cube – une école – une balance – des cerises – un cartable – un pinceau – une puce – du cirage – un banc – un coq – du citron – un lacet

2 **Entoure en rouge la lettre qui se trouve à droite de la lettre ç.**

un Français – un commerçant – une gerçure – un remplaçant – un caleçon – un reçu – Nous grinçons des dents. – une leçon

3 **Complète les mots avec c ou ç pour faire le son « s ».**

1. J'habite en Fran____e. 2. Le gar____on apprend sa le____on. 3. Je parle le fran____ais. 4. Le ma____on prépare du ____iment. 5. Fran____is repeint la fa____ade de sa maison avec des pin____eaux neufs. 6. Le poisson a mordu à l'hame____on. 7. Il pousse un cri per____ant.

4 **Écris les mots qui correspondent à chaque dessin. Utilise les étiquettes qui conviennent.**

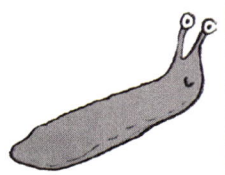

li	çon
con	ma

ça	cas
de	ca

pa	ba	re
coi	lan	çoi

As-tu réussi tes exercices ?

Très bien ☐   Assez bien ☐   Pas assez bien ☐

42 *g*, *ge* ou *gu* ?

Je découvre et je retiens

1 une orang**e**   un ma**g**icien

une orang**e**ade   un cag**e**ot

▶ La lettre *g* se prononce « **j** » devant *e* et *i*.
Devant *a* et *o* on écrit *ge* pour faire « **j** ».

2 une **g**are   une **g**omme   la fi**g**ure

une **g**uitare   une ba**gu**e

▶ La lettre *g* se prononce « **g** » devant *a – o – u*.
Devant *i* et *e*, on écrit *gu* pour faire « **g** ».

Je m'entraîne

1 Complète les mots avec *g* ou *ge* pour faire le son « j ».

1. Le rou____e-gor____e picore des graines dans la man____oire ; puis il s'asper____e d'eau et éclabousse toute sa ca____e.
2. Dans ses baga____es, le ma____icien a ran____é un pi____on, une robe rou____e et une bou____ie collée sur un bou____oir.

2 Complète les mots avec *g* ou *gu* pour faire le son « g ».

1. Le ____arçon s'est mordu la lan____e. 2. Ce ____amin cueille des mar____erites.
3. Dans le ____renier, j'ai trouvé une lon____e écharpe et une ca____oule ____rise. 4. Pour son ____oûter, ____illaume a préparé un morceau de ____ruyère avec de la confiture de fi____es.

3 Complète les mots avec *g – ge – gu*.

un ____enou – un ____idon – une ____ifle – la ____erre – un wa____on – une pla____e – une ____are – un a____ent – une lan____e – Nous ran____ons les livres. – un bour____on

4 Écris les mots qui correspondent à chaque dessin. Utilise les étiquettes qui conviennent.

na	re
geoi	goi

es	got
geot	car

dé	na	gue
ge	ment	mé

As-tu réussi tes exercices ?

Très bien ☐   Assez bien ☐   Pas assez bien ☐

43 a/à

Je découvre et je retiens

Le footballeur **a** un maillot jaune et vert.
Le footballeur **avait** un maillot jaune et vert.

▶ **a** (sans accent) : c'est le verbe *avoir* au présent. On peut le remplacer par *avait*.

Le joueur s'entraîne **à** Paris.
Le joueur s'entraîne ~~avait~~ Paris.

▶ **à** (avec accent) : on **ne peut pas** le remplacer par *avait*.

Je m'entraîne

1 Recopie les phrases en remplaçant *avait* par *a*.

1. Sarah **avait** dessiné un bateau. → _____
2. Il **avait** des voiles blanches et bleues. → _____
3. Elle **avait** accroché son dessin au mur. → _____

2 Mets l'accent sur les *a* quand il le faut.

Chaque semaine, les élèves vont **a** la piscine **a** pied. Lucie **a** oublié son maillot de bain. Le maître-nageur lui prête un maillot **a** rayures. Lucas **a** perdu sa serviette dans les vestiaires. Axel ne se baigne pas, il **a** peur d'aller dans le grand bain.

3 Complète par *a* ou *à*.

Aujourd'hui, papa ___ acheté un ordinateur. Je reste ___ la maison pour l'aider ___ l'installer. Il n'arrive pas ___ l'allumer. Il ___ mal ___ la tête. Il y ___ trop de choses compliquées ___ faire.

4 Indique par une croix l'écriture qui convient.

Mon frère ☐ a / ☐ à commencé ☐ a / ☐ à marcher ☐ a / ☐ à un an. Il fait de la voiture ☐ a / ☐ à pédales dans la salle ☐ a / ☐ à manger. Il ☐ a / ☐ à déchiré le tapis ; il ☐ a / ☐ à aussi cassé un vase.

As-tu réussi tes exercices ?

Très bien ☐   Assez bien ☐   Pas assez bien ☐

44 sont/son

Je découvre et je retiens

1 Les enfants **sont** au bord de la mer.
Les enfants **étaient** au bord de la mer.

▶ **sont** : c'est le verbe **être** au présent.
On peut le remplacer par **étaient**.

2 Matéo a perdu **son** maillot de bain.
Matéo a perdu **mon** maillot de bain.
Matéo a perdu **le** maillot de bain.

▶ **son** peut être remplacé par un déterminant (*mon, le, ton*…).

Je m'entraîne

1 Recopie les phrases en remplaçant *étaient* par *sont*.

1. Les marchands **étaient** installés sur la place. → _____
2. Les fruits du marché **étaient** chers. → _____
3. Les clients **étaient** servis en même temps. → _____

2 Recopie les phrases en remplaçant le déterminant souligné par *son*.

1. Axel me prête <u>un</u> livre. → _____
2. <u>Ton</u> frère a perdu <u>un</u> stylo. → _____
3. <u>Le</u> goûter est rangé dans <u>mon</u> cartable. → _____

3 Complète par *sont* ou *son*.

Ces fruits _____ abîmés. Les pommes _____ mûres ; Maëlis les cueille et les met dans _____ sac. Ces poires _____ sucrées. Il ramasse _____ panier et l'attache sur _____ vélo.

4 Indique par une croix la réponse qui convient.

Les joueurs ☐ sont / ☐ son malades et les matchs ☐ sont / ☐ son annulés. Théo prête ☐ sont / ☐ son ballon aux enfants qui ☐ sont / ☐ son sur le stade. Il range ☐ sont / ☐ son maillot dans ☐ sont / ☐ son sac à dos.

As-tu réussi tes exercices ? Très bien ☐   Assez bien ☐   Pas assez bien ☐

45 est/et

Je découvre et je retiens

1

La voiture **est** dans le garage.
La voiture **était** dans le garage.

▶ *est* : c'est le verbe *être* au présent.
On peut le remplacer par *était*.

2

Il a peint sa voiture en rouge **et** noir.
Il a peint sa voiture en rouge **et aussi** en noir.

▶ *et* : on peut le remplacer par *et aussi* ou *et puis*.

Je m'entraîne

1 **Recopie les phrases en remplaçant** *était* **par** *est*.

1. Mon chat **était** tout noir. → _____
2. Il **était** âgé de huit ans. → _____
3. Ce chat **était** très drôle. → _____

2 **Recopie les phrases en remplaçant les mots soulignés par** *et*.

1. Léa adore les puzzles <u>et puis</u> les coloriages. → _____
2. Elle découpe les images <u>et puis</u> les photos. → _____
3. Elle collectionne les timbres <u>et aussi</u> les stylos. → _____

3 **Complète par** *est* **ou** *et*.

Ce camion _____ arrêté au milieu de la rue _____ il gêne la circulation. Seuls, les motos _____ les cyclistes arrivent à passer. Il _____ en panne _____ le chauffeur attend la dépanneuse. Il _____ impossible de faire plus vite…

4 **Barre les étiquettes qui ne conviennent pas.**

Élise se promène sur la plage [est] [et] ramasse des coquillages [est] [et] des galets. La marée [est] [et] basse [est] [et] de nombreux rochers sont découverts. Un petit crabe [est] [et] effrayé [est] [et] se cache. Élise avance avec précaution [est] [et] fait attention de ne pas glisser sur les algues [est] [et] de ne pas tomber dans une mare d'eau.

46 ont/on

Je découvre et je retiens

1 Les élèves **ont** visité un musée.
Les élèves **avaient** visité un musée.

▶ **ont** : c'est le verbe *avoir* au présent.
On peut le remplacer par *avaient*.

2 Au musée, **on** parle à voix basse.
Au musée, **il** parle à voix basse.

▶ **on** peut être remplacé par *il*.
C'est le sujet du verbe.

Je m'entraîne

1 Recopie les phrases en remplaçant *avaient* par *ont*.

1. Mes parents **avaient** fait un beau voyage. → _____
2. Ils **avaient** visité la ville de Chicago. → _____
3. Les gens **avaient** de grosses voitures. → _____

2 Recopie les phrases en remplaçant *il* par *on*.

1. À la fête de l'école, **il** a gagné des peluches. → _____
2. Ce matin, **il** achète des billets de loterie. → _____
3. **Il** est sûr de remporter le gros lot. → _____

3 Complète par *ont* ou *on*.

Comme ____ est bien quand ____ est en vacances ! ____ n'est pas obligé de se lever le matin et ____ passe des heures à jouer. Mes copains ____ l'autorisation de venir à la maison. Maman prépare toujours des gâteaux pour ceux qui ____ faim.

4 Barre les étiquettes qui ne conviennent pas.

À la piscine, [ont] [on] apprend à nager et [ont] [on] joue au ballon dans l'eau.
[Ont] [On] dit aux enfants fatigués d'aller sur un banc car ils [ont] [on] besoin de repos.
[Ont] [On] gronde les enfants qui [ont] [on] fait des bêtises et ceux qui [ont] [on] crié.

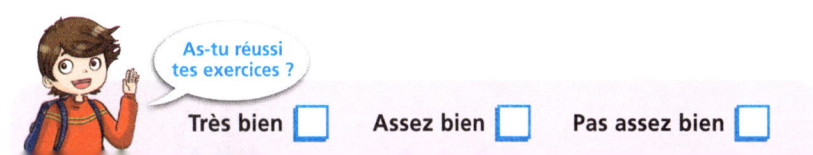

47 ou/où

Je découvre et je retiens

1

Que préfères-tu :
la mer **ou** la montagne ?

▶ *ou* peut se remplacer par *ou bien* ;
il s'écrit sans accent.

2

La maison **où** tu passes tes vacances est en Vendée.

▶ *où* indique un lieu, un endroit.
On ne peut pas le remplacer par *ou bien* ;
il s'écrit avec un accent grave.

Je m'entraîne

1 **Recopie les phrases en remplaçant *ou bien* par *ou*.**

1. Tu as un bateau à voiles **ou bien** à moteur ? → _____

2. Il est au port **ou bien** dans un garage ? → _____

3. Tu navigues l'été **ou bien** l'hiver ? → _____

2 **Mets l'accent grave sur *ou* quand il le faut.**

Tu veux aller à Paris **ou** en province ? Tu ne sais pas **ou** tu veux partir. Il faut choisir entre la ville **ou** la campagne. **Ou** habites-tu en ce moment ? C'est une grande ville **ou** un village ? L'endroit **ou** tu vis est loin de la capitale.

3 **Complète par *ou* ou *où*.**

Je ne sais pas ____ dort mon chat. Il est dans une armoire ____ sur un lit. Peux-tu m'aider ____ préfères-tu me laisser chercher seul ? ____ peut-il être ? Dehors ____ dans la maison ? Si tu l'as vu, dis-moi ____ il est.

4 **Barre les étiquettes qui ne conviennent pas.**

Je ne sais pas |ou| |où| installer mon ordinateur. Je peux le placer sur une étagère |ou| |où| sur mon bureau. |Ou| |Où| se trouve la prise de courant la plus proche ? Maintenant, je vais pouvoir envoyer des messages à mes amis |ou| |où| en recevoir.

48 Le féminin des noms : règle générale

Je découvre et je retiens

un marié   une mariée

un Gaulois   une Gauloise

▶ En règle générale, on obtient le **féminin d'un nom** en ajoutant **e** au nom masculin.

Je m'entraîne

1 Classe les noms dans le tableau.

un gamin   un marchand
une gamine   une marchande
un voisin   une employée
une voisine   un employé

Noms masculins	Noms féminins

2 Écris le féminin des noms.

1. un absent → une _____
2. un gourmand → une _____
3. un président → une _____
4. le bavard → la _____
5. un Anglais → une _____
6. un Allemand → une _____
7. le géant → la _____
8. François → _____

3 Écris les noms au masculin.

1. une Espagnole → un _____
2. la cousine → le _____
3. la blessée → le _____
4. une renarde → un _____
5. l'étudiante → l'_____
6. une inconnue → un _____
7. une ennemie → un _____
8. une Chinoise → un _____

As-tu réussi tes exercices ?   Très bien ☐   Assez bien ☐   Pas assez bien ☐

49 Le féminin des noms en *-ier* et en *-er*

Je découvre et je retiens

un fermier une fermière

▶ Les noms masculins terminés par *-ier* font leur féminin en *-ière*.

un boulanger une boulangère

▶ Les noms masculins terminés par *-er* font leur féminin en *-ère*.

Je m'entraîne

1a Écris les noms au féminin.

1. le prisonnier → la _____
2. un sorcier → une _____
3. un ouvrier → une _____
4. le premier → la _____
5. un épicier → une _____

1b Écris le masculin des noms.

1. une laitière → un _____
2. une teinturière → un _____
3. l'écolière → l'_____
4. la couturière → le _____
5. une cavalière → un _____

2a Écris les noms au féminin.

1. le pâtissier → la _____
2. le conseiller → la _____
3. un gaucher → une _____

2b Écris le masculin des noms.

1. la bergère → le _____
2. une étrangère → un _____
3. une écuyère → un _____

3 Recopie les phrases en écrivant les noms soulignés au féminin.

1. Le cuisinier prépare une sauce.

_____

2. Le boulanger se lève tôt.

_____

3. Le caissier rend la monnaie.

As-tu réussi tes exercices ?

Très bien ☐   Assez bien ☐   Pas assez bien ☐

50 Les féminins particuliers

Je découvre et je retiens

1

un chat   une cha**tte**

▶ Certains noms masculins **doublent leur consonne finale** au féminin.

2

un garçon   une fille

▶ Certains noms féminins sont totalement **différents** des noms masculins.

Je m'entraîne

1a Écris les noms au féminin.

1. un Parisien → une _____
2. un lion → une _____
3. un Indien → une _____
4. un muet → une _____

1b Écris le masculin des noms.

1. une espionne → un _____
2. une comédienne → un _____
3. la paysanne → le _____
4. la patronne → le _____

1c Complète les mots.

Dans cet immeuble, la gardien____ connaît tous ses locataires. La pharmacien____ habite au rez-de-chaussée. La dame du premier est une champion____ de tennis. Le monsieur du deuxième possède une adorable petite chien____. Le dernier étage est occupé par une célèbre musicien____.

2a Relie les noms masculins et féminins qui vont ensemble.

le coq •   • la cane
le cheval •   • la chèvre
le canard •   • la poule
le bouc •   • la vache
le taureau •   • la jument

2b Écris les noms féminins correspondant aux noms masculins.

1. un homme → une _____
2. mon frère → ma _____
3. le père → la _____
4. le fils → la _____
5. ton oncle → ta _____

As-tu réussi tes exercices ?

Très bien ☐   Assez bien ☐   Pas assez bien ☐

51 Les lettres finales muettes

Je découvre et je retiens

1

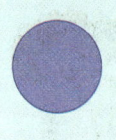 

un ron**d** un toi**t**

▶ À la fin de certains mots, la dernière lettre ne s'entend pas. Ce sont des **lettres muettes**.

2

un ron**d** → une ron**de**
un toi**t** → une toi**ture**

▶ Pour trouver la lettre finale muette d'un mot, on cherche le **féminin du mot** ou un **mot de la même famille**.

Je m'entraîne

1 Lis les mots et entoure les lettres muettes quand il y en a.

lynx — ours — Gaulois — lit — peur — chat

2a Écris la lettre finale des mots en t'aidant de leur féminin.

1. une intruse → un intru __ 2. une Anglaise → un Anglai __ 3. une marchande → un marchan __
4. une bavarde → un bavar __ 5. une candidate → un candida __ 6. une sourde → un sour __

2b Complète les phrases avec le mot qui convient. (Aide-toi du mot écrit entre parenthèses.)

1. Ce cavalier mène son cheval au _____ (galoper). 2. Le sportif a fait un _____ (sauter) de plusieurs mètres. 3. Nous allons apprendre un nouveau _____ (chanteur). 4. Les soldats se mettent en _____ (rangée) avant de défiler.

3 Écris la lettre finale des mots.

un pay __ – un comba __ – un mon __ – le do __ – un trico __ – du lai __ – le repo __ –
le san __ – un acciden __ – un Françai __ – un po __ – un pa __ – un cam __ – un Alleman __

As-tu réussi tes exercices ?

Très bien ☐   Assez bien ☐   Pas assez bien ☐

52 Le pluriel des noms : règle générale

Je découvre et je retiens

un garçon   des garçon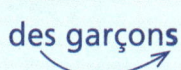s   une fille   des filles

▶ En règle générale, on obtient le **pluriel d'un nom** en ajoutant **-s** au nom singulier.

Je m'entraîne

1 Classe les noms dans le tableau.

le camion – l'avion – les vélos
des voitures – les motos – un taxi
l'ambulance – les cars

Noms singuliers	Noms pluriels

2 Écris *s* à la fin des noms quand c'est nécessaire.

des mouton____ – un lapin____ – deux lion____ – une girafe____ – l'éléphant____ –
le renard____ – une otarie____ – les singe____ – plusieurs tigre____ – l'antilope____ –
cinq chèvre____ – une biche____ – mes chat____ – tes chien____ – l'hirondelle____

3 Écris les noms au pluriel.

1. un âne → _____
2. un pigeon → _____
3. un bison → _____
4. un perroquet → _____
5. une grenouille → _____
6. une baleine → _____

4 Récris les phrases en mettant les mots soulignés au pluriel.
Utilise les déterminants *des* et *mes*.

J'ai acheté <u>un poisson</u> pour <u>mon chat</u>. Pour faire <u>une tarte</u>, j'ai rapporté aussi <u>une pomme</u>, <u>une poire</u> et <u>un ananas</u>.

→ _____

As-tu réussi tes exercices ?
Très bien ☐   Assez bien ☐   Pas assez bien ☐

53 Le pluriel des noms en -eau, -au, -eu

Je découvre et je retiens

1 un gâteau   des gâteaux

un noyau   des noyaux

▶ Les noms terminés par **-eau** et **-au** font leur pluriel en **-eaux** et **-aux**.

▶ **Exception** : un landau → des landaus.

2

un feu   des feux

▶ Les noms terminés par **-eu** prennent un **x** au pluriel.

▶ **Exceptions** : un pneu → des pneus ; un bleu → des bleus.

Je m'entraîne

1a Écris le pluriel des noms.

1. le râteau → les _____
2. le tableau → les _____
3. un bateau → des _____
4. un troupeau → des _____

1b Écris les noms au pluriel.

1. un étau → des _____
2. le tuyau → les _____
3. le joyau → les _____
4. un landau → des _____

2 Mets les noms au pluriel.

1. un cheveu → _____
2. un neveu → _____
3. un pieu → _____
4. un dieu → _____
5. un jeu → _____
6. un milieu → _____
7. un pneu → _____
8. un bleu → _____

3 Écris les noms au singulier ou au pluriel.

1. des couteaux → _____
2. un rideau → _____
3. un oiseau → _____
4. un lieu → _____
5. un adieu → _____
6. des landaus → _____
7. des corbeaux → _____
8. un boyau → _____
9. des esquimaux → _____
10. des enjeux → _____

As-tu réussi tes exercices ?

Très bien ☐   Assez bien ☐   Pas assez bien ☐

54 Le pluriel des noms en *-ou*

Je découvre et je retiens

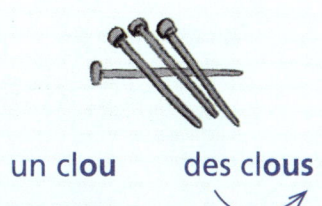
un clou   des clous

un écrou   des écrous

▶ Les noms singuliers terminés par **-ou** font leur pluriel en **-ous**.

▶ **Exceptions :** un bijou → des bijou**x** – un caillou → des caillou**x** – un chou → des chou**x** – un genou → des genou**x** – un hibou → des hibou**x** – un joujou → des joujou**x** – un pou → des pou**x**.

Je m'entraîne

1 Écris le pluriel des noms.

1. un cou → des _____
2. un sou → des _____
3. un coucou → des _____
4. un verrou → des _____

2 Écris les noms au pluriel.

1. un chou → des _____
2. un bijou → des _____
3. un caillou → des _____
4. un joujou → des _____

3 Recopie les phrases en mettant les mots soulignés au pluriel.

1. Les souris se sauvent devant le matou.
→ _____

2. En visitant le zoo, j'ai aperçu un caribou.
→ _____

3. Le hibou et les aigles sont des espèces protégées.
→ _____

4 Complète les noms avec la terminaison qui convient : *-ou*, *-ous*, *-oux*.

des p_____ – un bamb_____ – les gen_____ – des mér_____ – un bis_____ – des voy_____ – un tr_____ – des hind_____ – des kangour_____ – un f_____

Très bien ☐   Assez bien ☐   Pas assez bien ☐

55 Le féminin des adjectifs : règle générale

Je découvre et je retiens

1 
un camion noir — une voiture noir**e**

▶ En règle générale, on obtient **le féminin d'un adjectif** en ajoutant **e** au masculin.

2 
un gros camion — une gro**ss**e voiture

▶ Certains adjectifs **doublent leur consonne finale** au féminin.

Je m'entraîne

1a Indique par une croix si l'adjectif est au masculin ou au féminin.

petite ☐ masculin ☐ féminin — vert ☐ masculin ☐ féminin — joli ☐ masculin ☐ féminin — salée ☐ masculin ☐ féminin

1b Écris les adjectifs au féminin.

une veste gris____ – une fille blond____ – une automobile bleu____ – une herbe haut____ – une grand____ table – une lourd____ caisse – une mauvais____ adresse

2 Écris au féminin les adjectifs entre parenthèses.

1. une école (maternel) _____
2. une (ancien) _____ élève
3. une table (bas) _____
4. une (bon) _____ recette
5. une fête (annuel) _____
6. une (gentil) _____ fille
7. une image (net) _____
8. une (épais) _____ fumée

3 Complète les phrases en écrivant au féminin l'adjectif entre parenthèses.

1. *(sucré)* Il boit un verre d'eau _____
2. *(mortel)* Cet alpiniste a fait une chute _____
3. *(violent)* Une _____ tempête a couché les arbres du parc.
4. *(cru)* Ne mange pas cette viande _____

As-tu réussi tes exercices ?
Très bien ☐   Assez bien ☐   Pas assez bien ☐

56 Le féminin des adjectifs particuliers

Je découvre et je retiens

1

un garçon nerv**eux**
une fille nerv**euse**

▶ Les adjectifs terminés par **-eux** font leur féminin en *-euse*.

2

un garçon travaill**eur**
une fille travaill**euse**

▶ Les adjectifs terminés par **-eur** font leur féminin en *-euse*.

3

un garçon gauch**er**
une fille gauch**ère**

▶ Les adjectifs terminés par **-er** font leur féminin en *-ère*.

Je m'entraîne

1 Écris les adjectifs soulignés au féminin.

1. un chien <u>heureux</u> → une chienne _____
2. un sentier <u>boueux</u> → une route _____
3. un jouet <u>coûteux</u> → une voiture _____
4. un garçon <u>fiévreux</u> → une fille _____

2 Écris les adjectifs au féminin.

1. rieur → _____
2. songeur → _____
3. rêveur → _____
4. tricheur → _____

3 Écris au féminin les adjectifs entre parenthèses.

1. une fille *(grossier)* _____
2. la *(dernier)* page _____
3. une histoire *(policier)* _____
4. une nation *(étranger)* _____
5. une journée *(printanier)* _____
6. une expression *(familier)* _____

4 Complète le tableau en écrivant les adjectifs au masculin ou au féminin.

Masculin	Féminin
un gâteau délicieux	une tarte _____
un homme _____	une femme courageuse
un animal voleur	une bête _____
un garçon _____	une fille menteuse
un paquet léger	une lettre _____

As-tu réussi tes exercices ?

Très bien ☐   Assez bien ☐   Pas assez bien ☐

57 Le pluriel des adjectifs : règle générale

Je découvre et je retiens

1
un short vert → des shorts verts
une chemise verte → des chemises vertes

▶ Les adjectifs prennent un *-s* au pluriel.

2
un pull gris → des pulls gris
un pull doux → des pulls doux

▶ Les adjectifs terminés par *-s* ou *-x* ne changent pas au pluriel.

Je m'entraîne

1a Complète le pluriel des adjectifs soulignés.

un avion bruyant → des avions bruyant_____ – un gâteau sucré → des gâteaux sucré_____ – un fruit mûr → des fruits mûr_____ – un cartable léger → des cartables léger_____ – un arbre mort → des arbres mort_____ – un joli tableau → des joli_____ tableaux.

1b Écris les adjectifs entre parenthèses au pluriel.

1. *(jaune)* des pommes _____
2. *(sale)* des mains _____
3. *(rouge)* des fleurs _____
4. *(triste)* des histoires _____
5. *(fragile)* des assiettes _____
6. *(énorme)* des montagnes _____

2 Écris au pluriel les adjectifs entre parenthèses.

1. *(gros)* Ces _____ avions transportent des véhicules de luxe.
2. *(soigneux)* Les élèves _____ ont rangé leur cartable.
3. *(précis)* Il a des souvenirs _____ de son voyage en Italie.
4. *(lumineux)* Des signaux _____ indiquent un danger.

3 Complète les phrases en écrivant au pluriel les adjectifs entre parenthèses.

1. Tes jeux *(électronique)* _____ ne peuvent pas fonctionner avec des piles *(usée)* _____.
2. Ces *(vieux)* _____ jouets ont des *(petite)* _____ pièces *(dangereuse)* _____ pour les *(jeune)* _____ enfants.

Très bien ☐   Assez bien ☐   Pas assez bien ☐

58 Le pluriel des adjectifs particuliers

Je découvre et je retiens

1

un livre nouveau
des livres nouveaux

▶ Les adjectifs terminés par **-au** prennent un **-x** au pluriel.

2

un livre original
des livres originaux

▶ Les adjectifs terminés par **-al** s'écrivent **-aux** au pluriel.

Je m'entraîne

1 Écris les adjectifs entre parenthèses au pluriel.

1. J'ai deux frères *(jumeau)* _____ qui se nomment Noah et Ethan.
2. Pour mon anniversaire, j'ai reçu plusieurs *(beau)* _____ livres.
3. Les bébés *(esquimau)* _____ sont habitués au froid.

2a Écris les adjectifs soulignés au pluriel.

1. un fruit tropical → des fruits _____
2. un cadeau royal → des cadeaux _____
3. un colis postal → des colis _____
4. un enfant brutal → des enfants _____
5. un exercice oral → des exercices _____
6. un repas familial → des repas _____

2b Complète le tableau.

Singulier	_____	amical	_____	total	_____
Pluriel	muraux	_____	verticaux	_____	égaux

3 Complète les phrases en écrivant au pluriel les adjectifs entre parenthèses.

1. *(spatial)* Les vols _____ sont de plus en plus sûrs.
2. *(horizontal)* Ces traits _____ ont été tracés avec une règle.
3. *(régional)* Ce restaurant ne sert que des plats _____.
4. *(nouveau)* De _____ élèves sont arrivés dans l'école.

As-tu réussi tes exercices ?

Très bien ☐   Assez bien ☐   Pas assez bien ☐

59 L'accord dans le groupe nominal : déterminant – nom – adjectif

Je découvre et je retiens

1 Un arbre mort.

Une branche morte.

Une grosse branche morte.

2 Des arbres morts.

Des branches mortes.

Des grosses branches mortes.

▶ L'**adjectif** et le **déterminant** s'accordent avec le **nom**.

▶ Si le **nom** est au **singulier**, le **déterminant** et les **adjectifs** sont au **singulier**.

▶ Si le **nom** est au **pluriel**, le **déterminant** et les **adjectifs** sont au **pluriel**.

Je m'entraîne

1 Complète avec un déterminant singulier et accorde les adjectifs avec le nom.

1. _____ pommier fleuri _____
2. _____ branche bas _____
3. _____ arbre fruitier _____
4. _____ fleur bleu _____
5. _____ petit _____ buisson
6. _____ grand _____ forêt
7. _____ lieu ombragé _____
8. _____ bel _____ plante vert _____

2 Complète avec un déterminant pluriel et fais les accords nécessaires.

1. _____ sentier _____ forestier _____
2. _____ feuille _____ mort _____
3. _____ sapin _____ dénudé _____
4. _____ branche _____ cassé _____
5. _____ champignon _____ mortel _____
6. _____ plante _____ vert _____
7. _____ petit _____ buisson _____ rouge _____
8. _____ jeune _____ haie _____ taillé _____

3 Complète le tableau en écrivant les expressions au singulier ou au pluriel.

Singulier	Pluriel
une route sombre	
	des aiguilles piquantes
un grand arbre déraciné	
	des vieux troncs pourris

As-tu réussi tes exercices ?

Très bien ☐   Assez bien ☐   Pas assez bien ☐

60 L'accord du verbe avec son sujet

Je découvre et je retiens

1
Un avion décolle.
Un avion s'envole.
Un avion décolle et s'envole.

2
Des avions décollent.
Des avions décollent et s'envolent.
Un avion et un hélicoptère s'envolent.

▶ Le **verbe s'accorde** avec **le sujet**.

▶ Si le **sujet** est au **singulier**, le **verbe** ou les verbes s'écrivent au **singulier**.

▶ Si le **sujet** est au **pluriel**, le **verbe** ou les verbes sont au **pluriel**.

Je m'entraîne

1 Écris au présent les verbes entre parenthèses en les accordant avec le sujet souligné.

1. Le gardien (arrêter) _____ le ballon.
2. La fillette (allumer) _____ la télévision.
3. Le supporter (encourager) _____ les joueurs.
4. Elle (enfiler) _____ son maillot de sport et (lacer) _____ ses baskets.
5. Le basketteur (tirer) _____ et (marquer) _____ un panier.

2 Souligne les sujets et écris les terminaisons qui conviennent (*e* ou *ent*).

1. Le cheval saut_____ par-dessus la haie. 2. Les vaches chass_____ les mouches avec leur queue. 3. Le berger et son chien surveill_____ les bêtes. 4. Des moutons s'éloign_____ du troupeau. 5. Il apport_____ de l'eau aux bêtes. Elles march_____ vers l'abreuvoir.

3 Écris au présent les verbes entre parenthèses.

1. Mon frère et ma sœur (déjeuner) _____ chaque matin à huit heures.
2. Manon (manger) _____ des tranches de brioche.
3. Evan (couper) _____ et (beurrer) _____ des tartines de pain.
4. Ils (laver) _____ et (ranger) _____ leur bol avant de partir à l'école.
5. Les enfants (arriver) _____ toujours à l'heure en classe.

As-tu réussi tes exercices ?

Très bien ☐   Assez bien ☐   Pas assez bien ☐

Illustrations : Cyrielle (couverture et pictos enfants) et Caroline Modeste (intérieur)

Conception graphique couverture : Marie-Astrid Bailly-Maître
Mise en pages : Nord Compo

© Éditions Magnard, 2016, Paris.
www.magnard.fr

N° d'ISSN : 2265-1055

Aux termes du Code de la propriété intellectuelle, toute reproduction ou représentation intégrale ou partielle de la présente publication, faite par quelque procédé que ce soit (reprographie, microfilmage, scannérisation, numérisation...) sans le consentement de l'auteur ou de ses ayants droit ou ayants cause est illicite et constitue une contrefaçon sanctionnée par les articles L. 335-2 et suivants du Code de la propriété intellectuelle.
L'autorisation d'effectuer des reproductions par reprographie doit être obtenue auprès du Centre Français d'exploitation du droit de la Copie (CFC) 20, rue des Grands-Augustins – 75006 PARIS – Tél. : 01 44 07 47 70 – Fax : 01 46 34 67 19

Achevé d'imprimer en avril 2016
par «La Tipografica Varese Srl» en Italie
N° éditeur : 2016-0104
Dépôt légal : avril 2016